GESTÃO DE MARCA E *BRANDING*

 Os livros dedicados à área de *design* têm projetos que reproduzem o visual de movimentos históricos. As aberturas e títulos deste módulo, com elementos fragmentados, formas aleatórias, mistura de tipografia e estilos e brincadeiras visuais relembram o *design* pós-moderno, muito forte nos anos 1980.

GESTÃO DE MARCA E *BRANDING*

Lais Conceição Ribeiro

Rua Clara Vendramin, 58 . Mossunguê . CEP 81200-170 . Curitiba . PR . Brasil
Fone: (41) 2106-4417 . www.intersaberes.com . editora@intersaberes.com

Conselho editorial
Dr. Ivo José Both (presidente)
Drª Elena Godoy
Dr. Neri dos Santos
Dr. Ulf Gregor Baranow

Editora-chefe
Lindsay Azambuja

Gerente editorial
Ariadne Nunes Wenger

Assistente editorial
Daniela Viroli Pereira Pinto

Revisão de texto
Floresval Moreira Junior

Edição de texto
Letra & Língua Ltda. - ME
Monique Francis Fagundes Gonçalves

Capa
Charles L. da Silva (*design*)
Patty Chan/Shutterstock (imagem)

Projeto gráfico
Bruno Palma e Silva

Diagramação
Estúdio Nótua

Designer responsável
Luana Machado Amaro

Iconografia
Sandra Lopis da Silveira
Regina Claudia Cruz Prestes

Dados Internacionais de Catalogação na Publicação (CIP)
(Câmara Brasileira do Livro, SP, Brasil)

Ribeiro, Lais Conceição
  Gestão de marca e branding/Lais Conceição Ribeiro. Curitiba: InterSaberes, 2021.

  Bibliografia.
  ISBN 978-65-5517-912-5

  1. Gestão de negócios 2. Marcas comerciais 3. Marca de produtos 4. Marca de produtos – Marketing – Administração I. Título.

21-54463   CDD-658.827

Índices para catálogo sistemático:
1. Marcas: Valor: Marketing: Administração de empresas 658.827

Aline Graziele Benitez – Bibliotecária – CRB-1/3129

1ª edição, 2021.

Foi feito o depósito legal.

Informamos que é de inteira responsabilidade da autora a emissão de conceitos.

Nenhuma parte desta publicação poderá ser reproduzida por qualquer meio ou forma sem a prévia autorização da Editora InterSaberes.

A violação dos direitos autorais é crime estabelecido na Lei n. 9.610/1998 e punido pelo art. 184 do Código Penal.

Sum*ário*

Apresentação 8
Como aproveitar ao máximo este livro 12

1 **Fundamentos de gestão de marcas e** *branding* **18**
　1.1 História do *branding* 20
　1.2 Era da riqueza de informação e pobreza de objetivo 25
　1.3 O que é *branding* 28
　1.4 Percepções fundamentais relacionadas ao *branding* 36

2 **O poder das marcas 48**
　2.1 Posicionamento de marca 49
　2.2 Estratégia de marcas competitivas 56
　2.3 Alavancagem de *marketing* 63
　2.4 *Rebranding* 67
　2.5 Plano de *marketing* para marcas 72

3 **Construção de marcas 78**
　3.1 Percepção dos consumidores 80
　3.2 Propaganda efetiva 82
　3.3 Desenvolvimento de marcas 89
　3.4 *Design* de marca 93

4 **Brand equity** 100
    4.1 Memória dos consumidores 104
    4.2 Reconhecimento de marca 106
    4.3 Imagem e atributos da marca 109
    4.4 Resistência das marcas 117

5 **Avaliação das marcas** 126
    5.1 Diferença entre produto e marca 128
    5.2 Como avaliar marcas 146

6 **Marca de serviços** 156
    6.1 *Marketing* de serviços 158
    6.2 *Branding* de serviços 163
    6.3 Estudo de caso 169

Considerações finais 173
Referências 178
Sobre a autora 182

Apresen-
tação

Planejar e desenvolver um livro consiste em um complexo processo de tomada de decisão. Assim, requer um posicionamento ideológico e filosófico diante dos temas abordados. A escolha de incluir determinada perspectiva implica a exclusão de outras, igualmente importantes, em decorrência da impossibilidade de dar conta de todas as ramificações que um tópico pode apresentar.

Nessa direção, a difícil tarefa de organizar um conjunto de conhecimentos sobre determinado objeto de estudo – neste caso, os elementos de gestão de marca e *branding* – demanda a construção de relações entre conceitos, constructos e práxis, bem como a articulação de conhecimentos de base teórica e empírica. Em outros termos, trata-se de estabelecer uma rede de significados entre saberes, experiências e práticas, assumindo-se que tudo se encontra em constante processo de transformação.

Assim, a partir de cada novo olhar, novas associações e novas interações, diferentes interpretações se descortinam e outras ramificações intra e interdisciplinares se estabelecem. Embora desafiadora, a natureza dialética da construção do conhecimento é o que sustenta o dinamismo do aprender, movendo-nos em direção à ampliação e à revisão dos saberes.

Ao organizarmos este material, vimo-nos diante de uma infinidade de informações que gostaríamos de apresentar aos interessados na temática abordada. Como estratégia didático-pedagógica, fizemos escolhas assumindo o compromisso de auxiliar o leitor na expansão dos conhecimentos sobre *branding* e gestão de marca.

As ferramentas de gestão de marca e *branding* não são apenas para grandes empresas. Planejar a informação que você deseja transmitir para seu público e como você quer passá-la é uma das tarefas que devem ser feitas desde o início de qualquer produto ou serviço. Fica a dica!

Nesta obra, você aprenderá que trabalhar com a marca é muito importante para que uma organização se consolide. Em um mercado cada vez mais competitivo, especialmente no comércio digital, as empresas que conseguem criar uma conexão com o público obtêm grande destaque. E o *branding* é a ferramenta apropriada para estabelecer essa proximidade entre o consumidor e a empresa.

Essa estratégia pode, ou melhor, deve ser desenvolvida de várias formas. Assim, recomendamos, em um primeiro momento, trabalhar a marca no âmbito interno da empresa, independentemente se ela foi concebida apenas por você ou por centenas de colaboradores. É essencial que, internamente, a percepção da marca seja coesa, para que imagem correta seja transmitida ao público externo.

No Capítulo 1, abordamos o contexto histórico do *branding*, bem como os episódios marcantes de sua evolução e de seu desenvolvimento de respeitabilidade. Destacamos os conceitos de marca e seus elementos, a identidade visual, o *branding*, além da classificação dos cinco tipos de gestão de marca e as percepções fundamentais relacionadas ao *branding* e à gestão de marcas. Exploramos, também, alguns passos para o desenvolvimento da história de uma marca.

No Capítulo 2, apresentamos o posicionamento de marcas, bem como de seus ideais, de sua visão, de seus significados e do valor de diferenciação da marca, juntamente à aplicação prática no *marketing* e no *branding*. Tratamos, ainda, das estratégias de *marketing* competitivo, pontuando as principais tendências de marca da atualidade e a aplicabilidade do *rebranding*, de forma a conhecer cada elemento essencial da constituição de uma marca, assim como suas particularidades e funções específicas.

No Capítulo 3, analisamos a teoria da percepção dos consumidores e sua importância na aplicação efetiva da propaganda e do *marketing*. Em seguida, examinamos as etapas do desenvolvimento de uma marca e a concepção da identidade visual e *design* da marca.

No Capítulo 4, nossa reflexão volta-se à aplicabilidade do *brand equity*, uma abordagem revolucionária na gestão de marcas e *branding*, bem como seus elementos fundamentais de memória dos consumidores, o reconhecimento da marca, a imagem e os atributos da marca e a importância da resistência das marcas.

No Capítulo 5, abordamos a diferença conceitual entre produto e marca, no âmbito do *marketing*. Analisamos o mercado de marcas, bem como a compra e venda de marcas, o valor das marcas no Brasil, o valor percebido e o preço do intangível, o peso do intangível nas decisões de compras e a contabilidade de marcas. Discutimos, ainda, sobre princípios, conceitos e métodos de avaliação de marcas.

Por fim, no Capítulo 6, evidenciamos o conceito e as aplicações do *marketing* de serviço, a diferença entre produto e serviço, os 7Ps do *marketing* de serviços (produtos, praça, preço, promoção, processo, ambiente físico e pessoas) e a aplicação de *branding* de serviço. Além disso, apresentamos alguns *cases* de sucesso que envolvem todo o escopo aqui delimitado.

Lembre-se de que a marca é a personalidade de um negócio. Ela não é apenas o produto ou o serviço oferecido, e também está longe de ser apenas uma identidade visual com logotipo, *slogan* e nome. Todos esses elementos são formas de deixar a personalidade da marca mais clara para o mercado.

Bons estudos!

Como aproveitar ao *máximo este livro*

Empregamos nesta obra recursos que visam enriquecer seu aprendizado, facilitar a compreensão dos conteúdos e tornar a leitura mais dinâmica. Conheça a seguir cada uma dessas ferramentas e saiba como elas estão distribuídas no decorrer deste livro

INTRODUÇÃO DO CAPÍTULO

Logo na abertura do capítulo, informamos os temas de estudo e os objetivos de aprendizagem que serão nele abrangidos, fazendo considerações preliminares sobre as temáticas em foco.

PARA REFLETIR

Aqui propomos reflexões dirigidas com base na leitura de excertos de obras dos principais autores comentados neste livro.

SÍNTESE

Ao final de cada capítulo, relacionamos as principais informações nele abordadas a fim de que você avalie as conclusões a que chegou, confirmando-as ou redefinindo-as.

Capítulo 1

FUNDAMENTOS DE GESTÃO DE MARCAS E *BRANDING*

Neste capítulo, faremos uma abordagem teórica acerca de conceitos de gestão de marcas e *branding*, contemplando seu contexto histórico e as percepções fundamentais relacionadas a essa prática. Contudo, é importante ressaltar que não temos, aqui, a intenção de esgotar o assunto e que você deve pesquisar e produzir conhecimento constantemente sobre essa rica área do *marketing*.

Fred Tavares (2003) afirma que as marcas, bem como seu papel em uma organização, apesar de serem um componente fundamental no *marketing* há mais de cem anos, só começaram a ser discutidas no século XX. Entrementes, nos tempos atuais, as marcas, antes vistas como um bem intangível, hoje são percebidas como bens tangíveis e consideradas economicamente relevantes pelas empresas em razão do enorme poder que podem alcançar e do valor que, se bem geridas, elas podem agregar.

Inicialmente, trataremos do contexto histórico do *branding*, bem como dos episódios marcantes de sua evolução e seu desenvolvimento de respeitabilidade. Em seguida, discutiremos os conceitos de marca e seus elementos, a saber, identidade visual, *branding*, classificação dos cinco tipos de gestão de marca. Também analisaremos as diferenças entre *branding* e *marketing*. E, por fim, abordaremos as percepções fundamentais relacionadas ao *branding* e à gestão de marcas e suas estratégias, destacando os quatro cenários de marca: monolítica, pluralística, subsidiária e endossada.

1.1 História do *branding*

Pouca gente sabe que essa estratégia do mundo dos negócios de hoje nasceu de um termo proveniente do comércio de gado. A origem da palavra *branding* é da língua inglesa, e *brand* pode ser traduzido como *marca*, no sentido de "fazer", "transformar", "movimentar" a instituição.

A palavra começou a ser utilizada ainda na Idade Média para demarcar o gado e separá-los em um rebanho, de forma que cada um tinha a marca de seu proprietário. Uma ação simples que, na época, foi revolucionária, pois resolveu a confusão caso um animal resolvesse pastar fora de seu território. Com essa iniciativa de marcar e separar o gado, ou seja, um produto de outro, também se criou o conhecido termo *vinheta*, palavra de origem francesa que até hoje é utilizada na indústria cinematográfica e televisiva para nomear a abertura que prepara o espectador para o que será apresentado.

Pronto, problema resolvido! Marcar e separar os produtos impedia a confusão. E, assim, o termo começou a ser utilizado por diversos outros setores mercantis. Por exemplo, no mercado dos vinhos, para que as bebidas de diferentes vinícolas não fossem confundidas, os produtores começaram a estampar desenhos em suas rolhas, um diferencial que distinguia os vinhos considerados bons dos ruins. Antes disso, era preciso prová-los para indicar sua qualidade.

No entanto, apenas no século XI a marca passou a ter sentido comercial, por meio de uma sociedade que se caracterizou pela divisão do trabalho com as ações comerciais realizadas a distância. A partir desse período, o produtor deixou de vender diretamente ao consumidor, e, com isso, a marca era a única ligação entre a origem e o consumidor final. Fato que firmou um contrato de qualidade.

Nos séculos XVII e XVIII, principalmente na Europa, esse conceito tornou-se mais compreensível, e a utilização das marcas em peças de porcelana, tapeçaria e mobílias expandiu a qualidade de fabricação. Assim, surgiram as primeiras normas contra falsificações, as quais tentavam controlar a utilização das marcas e dos produtos verdadeiros e estabeleciam laços de confiança desde a produção até a entrega.

Outro marco na história do *branding* e da gestão de marcas foi a Revolução Industrial, que proporcionou produção em maior escala e melhor logística da distribuição de produtos. Nesse contexto, você pode imaginar que não demorou para surgirem grandiosos cartazes publicitários com a intenção de expor as marcas que estavam sendo oferecidas ao mercado naquele momento.

As marcas foram grandemente impulsionadas depois da Segunda Guerra Mundial, pois, após esse período, houve a evolução dos meios de comunicação, assim como a chegada de novas mercadorias e de produtos que até então pertenciam a mercados restritos.

O considerável crescimento comercial também expandiu o poder das marcas, que começaram a apresentar seus primeiros indícios de valor econômico e simbólico dentro das práticas sociais. Desde então, no ambiente de negócios, as compras passaram a ser realizadas com base naquilo que vemos ou ouvimos falar sobre o produto ou o serviço prestado, sem ao menos nunca termos provado. E, para que isso aconteça, o *branding* é a ferramenta que impulsiona o conhecimento e a visibilidade da marca.

Um estudo muito utilizado para impulsionar as campanhas publicitárias refere-se à psicologia das cores, pois, ao que parece, o cérebro humano identifica e entende diferentes cores e formas, e isso influencia seus sentimentos e suas ações.

Veja alguns exemplos de utilização das cores nesse contexto:

- a marca de carros luxuosa Ferrari associou a cor vermelha ao seu produto, tornando-a muito forte no mercado;
- a marca de joias Tifanny fez a mesma coisa, associando seu produto ao seu tom de azul;
- a cor laranjada utilizada pelo banco Itaú.

Com o uso de estratégias de *branding*, é possível, então, tornar a marca de um produto ou de um serviço desejável. Assim, criam-se as experiências da marca, que são as interações boas e ruins entre o consumidor e determinada organização. Para que esse cenário seja sempre positivo, utiliza-se o *branding*, que gera o posicionamento e define a linha que compõe a marca.

A esta altura, você já sabe a importância do reconhecimento de uma empresa, sobretudo quando consideramos o intenso mercado competitivo em que as organizações estão inseridas. Com isso, o conceito de *branding* surge como uma forte estratégia de *marketing*, aplicando técnicas e métodos com o objetivo de potencialização do processo de venda, principalmente por meio da comunicação.

Em suma, o *branding* compreende as ações envolvidas com investigação, conhecimento, desenvolvimento de conteúdo, criação de *design* e identidade visual. É uma forma de gerenciar marcas de forma estratégica, na intenção de seguir seu crescimento e otimizar a relação com seu público-alvo, sempre com o foco de agregar valor à marca, e não apenas aumentar o valor econômico de um produto. Trata-se, portanto, de um valor simbólico que visa alcançar os desejos do consumidor.

No geral, a estratégia do *branding* tem o objetivo de transformar a marca propondo mudanças significativas na vida do consumidor. Quando nos identificamos com alguém que mal conhecemos, isso acontece porque a imagem da pessoa carrega consigo o peso da identificação. Assim, podemos transpor essa experiência para o universo das marcas. A marca seduz pela forma como se apresenta aos consumidores. O conjunto dos significados que ela carrega é o que a tornará única e desejável.

O caso da empresa Unilever exemplifica a evolução do *branding* no mundo dos negócios, bem como suas conquistas e respeitabilidade. O *branding* corporativo, nesse caso, reinventou a identidade da organização por meio do protagonismo e da forte presença da letra U, como pode ser visto na Figura 1.1.

Figura 1.1 – **Marca Unilever**

Há algumas décadas, ao procurar pelo fabricante nas embalagens de seus produtos, era possível ver no verso apenas "Indústrias Gessy Lever, Rua Campos Salles, 20, Valinhos", que ainda hoje é o endereço da empresa.

A falta de planejamento adequado nos casos de fusões, aquisições e incorporações colocou em confronto o propósito de muitas marcas, que se viram obrigadas a "forçar" uma convivência com outras organizações. Nesse cenário, não se valorizou o conceito de arquitetura de marcas, fato que comprometeu a identidade de muitas empresas no mercado.

1.2 Era da riqueza de informação e pobreza de objetivo

Atualmente, há inúmeros recursos de capitação de dados de consumo. No entanto, muitas empresas ficam deslumbradas com o excesso de informação e não sabem gerenciá-las de forma adequada. O excesso de informações em um planejamento de *branding* compromete a clareza dos objetivos e das intenções que uma marca deseja transmitir. Nesse sentido, vale relembrar que marcas vivem de bons *insights*, e não de um aglomerado de informações.

1.2.1 Extensão

A possibilidade de extensões de marca perdurou nos últimos 40 anos. Como exemplos de uma extensão mal planejada, imaginemos o caso de uma empresa que vende alimentos e também produtos de limpeza com uma mesma marca; ou uma marca de açúcar que lança produtos de linha *fitness*. É possível enxergar facilmente a incoerência.

Com vistas a evitar esse tipo de situação, o *branding* age de forma estratégica para que processos de extensão saiam vitoriosos. Por exemplo, uma marca de produtos de cabelo que conseguiu abranger produtos de maquiagem. Ações como essa tem a força de ampliar de forma significativa o poder de mercado de muitas marcas em novas categorias de produto.

As empresas da atualidade precisam compreender que o consumidor deseja conhecer todo o processo pelo qual passou o produto ou o serviço que ele pretende adquirir, ou seja, ele quer saber sobre o que acontece da porta das empresas para dentro.

O conceito de *engenharia digital* deu visibilidade ao que há por dentro dos processos e pretende responder a indagações como:

- Que empresa é essa?
- Como ela opera?
- O que ela representa para a sociedade?
- Como ela trata seus colaboradores?

Dessa forma, as marcas, mais do que nunca, precisam manter um processo e preservar um contato transparente entre as empresas e os consumidores.

Valor econômico

Os acontecimentos dos últimos anos deixaram claro que marca não é um ativo de valor apenas simbólico, mas também econômico. Ter ciência desse valor, por si só, é apenas um modo de alimentar a vaidade corporativa. Há várias formas de determinar isso, por exemplo, uma avaliação econômica é muito mais eficiente do que os famosos KPI (indicadores-chave de desempenho) sobre a eficiência da gestão empresarial, assim como também representa um sólido indicador de qualidade da gestão da marca sob a ótica do *branding*.

Sinergia

O novo desejo das marcas é proporcionar sinergia. Dessa forma, o *branding* precisa atuar muito mais como gestor do que como participante, uma vez que o grupo de pessoas envolvidas precisa ser adequado e estrategicamente gerenciado. Só assim será possível prosseguir no caminho escolhido em prol do objetivo definido. Toda forma de comunicação entre as marcas e seus produtos deve ser criteriosamente planejada em um ambiente que transpire sinergismo. Essa é uma demanda permanente na história do *branding*. O oposto da sinergia seria o *branding* dissipador.

Sentimento

A aplicação do *branding* ensinou as empresas e os consumidores que, antes da relação de compra e venda, há uma relação muito mais forte e que envolve sentimentos. Com a evolução do estudo da neurociência aplicada ao *marketing*, as marcas conseguem alcançar profundamente o sentimento e as emoções das pessoas. E somente depois de estabelecida uma conexão com a marca é que o consumidor irá comprar.

Alma

Marcas sem um propósito ou objetivos bem definidos são consideradas "desalmadas". E qual a consequência disso para a indústria? Atualmente, constituir uma "alma" para a marca é uma etapa basilar do *branding*. O colaborador que trabalha em empresas com marcas alimentadas por autênticos propósitos, e não simplesmente por uma missão e visão vazias, sente isso em seu ambiente de trabalho e, por conseguinte, alcança o produto e o serviço a ser prestado.

Agora que você já conhece o histórico do *branding*, que tal conhecer como ele está sendo abordado atualmente?

De acordo com Freitas (2021),

> Atualmente, podemos considerar que além de ser uma representação gráfica com uma finalidade comercial, a marca também é um símbolo que pode atribuir uma personalidade e construir relacionamentos com os seus públicos. Não

é à toa que hoje em dia é tão importante registrar uma marca, definir o seu posicionamento e gerir o seu desempenho no mercado, pois a marca tem valor (*brand equity*).

As marcas atuais, como hoje são reconhecidas, têm um poder de agregar atributos intangíveis que contribuem para diferenciar uma empresa e seus produtos no mercado competitivo e na ideia das pessoas.

1.3 O que é *branding*

Branding é conceituado como o conjunto de ações ligadas à administração das marcas. São ações que, tomadas com sabedoria e autoridade, conduzem as marcas para um patamar superior, para além de seu caráter econômico, de forma a fazer parte da cultura que influencia diretamente a vida das pessoas (Martins, 2006).

É também um sistema de gerenciamento das marcas orientado pelo valor e pela influência que estas podem ter na vida das pessoas, objetivando gerar valor para seu público-alvo.

De acordo com Wheeler (2012), o *branding* é a gestão de uma marca, composta por um processo organizado para conscientizar, atrair novos clientes e ampliar sua fidelidade, posicionando a marca de um modo que ela se torne insubstituível. Com isso, verifica-se que, para construir uma marca no mercado de hoje, cada vez mais competitivo, exige-se do gestor uma alta *performance* ao tratar das estratégias que impactam de forma única as mentes e os corações de seu público-alvo.

Portanto, a gestão de marca tem como ofício conduzir uma política clara e objetiva, com o propósito de compartilhar os valores e a filosofia da organização, além de ordenar sua comunicação, suas áreas e seus serviços por meio de sinalizações e ações administrativas, de modo que a gestão de marcas se fundamente na afirmação das experiências sensoriais que acompanham as atuais experiências de consumo.

Para identificar com clareza e orientar os gestores de maneira assertiva, podemos elencar cinco tipos de gestão de marca:

1. **Cobranding**: trabalho em parceria com outra marca ou com um *influencer* para aumentar o alcance dela.
2. **Digital branding**: internet, mídias sociais, otimizações de *sites* (SEO), *links* patrocinados.
3. **Marca pessoal**: modo como uma pessoa desenvolve sua reputação.
4. **Marcas de causas**: alinhamento da marca com uma causa beneficente ou de responsabilidade social corporativa.
5. **Marca de país**: empenho para atrair turistas e investimento de empresas.

A American Marketing Association (AMA), citada por Kotler e Keller (2006, p. 296), define que marca é "um nome, termo, sinal, símbolo ou *design*, ou uma combinação de tudo isso, destinada a identificar produtos ou serviços de um fornecedor ou um grupo de fornecedores para diferenciá-los dos de concorrentes".

Entendemos que marca é uma identidade comum ao produto, ao serviço ou à organização, na qual se incluem aspectos físicos, elementos emocionais e as associações que se constituem em nível cultural e emocional, ou seja, uma percepção contínua que o consumidor tem da marca.

Para Ross (2010, p. 8, tradução nossa), marca é "sinônimo da reputação e da imagem da organização conforme é vista pelo consumidor, que também é influenciado pelos experimentos que já teve com a marca".

José Martins (2006), por seu turno, salienta que marca é a junção de atributos tangíveis e intangíveis, representados em um logotipo, geridos de forma apropriada, que influenciam e geram valor para as pessoas.

Para uma melhor compreensão, Tavares (2003) organizou o conceito de marca em três partes: a primeira refere-se às características e aos benefícios; a segunda, aos componentes linguísticos; e a terceira, aos componentes de percepção e aos benefícios emocionais, como alma, identidade, imagem, espírito, personalidade e posicionamento da marca, além da imagem que o consumidor faz dela.

Robin Landa (2006) demonstra o significado do que é uma marca, considerando a organização de Tavares (2003), e elucida a ligação entre os principais atributos que a compõem, como podemos observar na Figura 1.2, a seguir.

Figura 1.2 – **Componentes de uma marca**

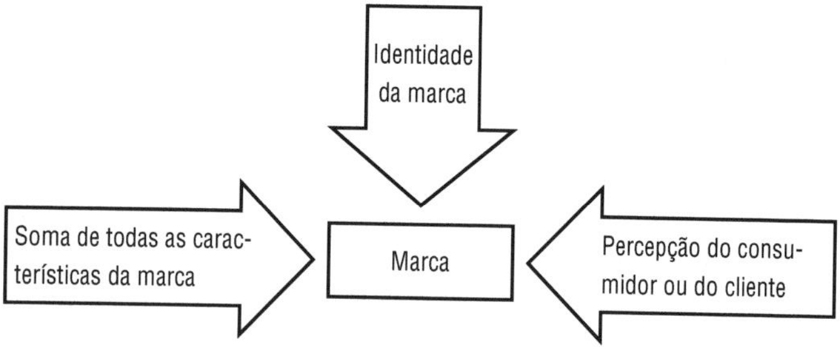

```
                    ┌─────────────┐
                    │ Identidade  │
                    │  da marca   │
                    └──────┬──────┘
                           ▼
┌──────────────────┐  ┌─────────┐  ┌──────────────────┐
│ Soma de todas as │  │         │  │ Percepção do     │
│ características  │─▶│  Marca  │◀─│ consumidor ou    │
│    da marca      │  │         │  │   do cliente     │
└──────────────────┘  └─────────┘  └──────────────────┘
```

Fonte: Elaborado com base em Landa (2006).

Todos esses elementos agregam valor patrimonial à marca. Com base neles, podem ser desenvolvidas várias funcionalidades, diferentes simbolismos e significados, formatando uma estrutura e dando vida à marca, como se ela fosse um ser vivo dispondo de personalidade e propósito de existir.

Dessa forma, podemos considerar a marca como a alma do negócio, sendo esse o fator distintivo entre o produto ou serviço da empresa em relação ao produto ou serviço de seu concorrente, significando também a percepção do cliente em relação à organização, podendo ainda, muitas vezes, ser um ativo mais valioso que o produto e até mesmo que a própria empresa.

O caso mais marcante no mundo dos negócios é o da marca Coca-Cola, que atingiu mais de 10 vezes o valor de todos os ativos físicos da empresa (Martins, 2006). Vale ressaltar que a marca ainda se mantém nos primeiros lugares do *ranking* da atualidade, de acordo com o Instituto Interbranding (2020), que realiza pesquisas há 20 anos sobre as marcas mais valiosas do mundo.

Como alma do negócio, as marcas têm funções a desempenhar que vão além de basicamente identificar uma empresa, diferenciar um produto, um serviço ou uma mercadoria de um concorrente. Atualmente, as marcas têm funções concorrenciais, identificadoras, publicitárias, individualizadoras, reveladoras e de diferenciação interna. Observe:

- **Função concorrencial**: marcas que carimbam seus produtos ou serviços concorrem entre si.
- **Função identificadora**: marcas identificam um produto individualmente.

- **Função publicitária**: uma marca promovida faz com que um produto saia do anonimato.
- **Função individualizadora**: um produto com uma marca torna-se único diante do conjunto bens de marcas que existem.
- **Função reveladora**: marcas são capazes de revelar um produto ao consumidor.
- **Função de diferenciação Interna**: o mesmo produto pode apresentar diferenças entre versões para manter *status* entre os clientes de acordo com a versão comprada.

Um exemplo prático é a marca Ferrero Rocher, que, pela função de diferenciação interna, cria uma versão especial para presente do seu produto tradicional.

Com base nessas funções executadas pela marca, os benefícios gerados podem atingir toda a cadeia de valor, partindo do produtor, incidindo sobre o revendedor até chegar ao consumidor final, de maneira que este possa encontrar o produto ou o serviço com mais facilidade. Além disso, o item não perde sua unicidade, o revendedor tem mais facilidade para comercializar, e o produtor distingue-se dos seus concorrentes de maneira mais assertiva.

Contudo, construir a história de uma marca é essencial para que uma empresa não venda só uma mercadoria. Mas o que é história da marca?

Primeiramente, entenda que **história da marca** é muito mais do que apenas a criação de conteúdo ou de uma narração, pois essa ferramenta ultrapassa o que está registrado em *sites*, textos ou apresentações comerciais. A história da marca não é aquilo que é contado às pessoas, mas aquilo que elas acreditam ser o produto ou o serviço, com base nos sinais emitidos.

Para ser história, deve ser completo, incluindo fatos, sentimentos e emoções, ou seja, partes da história da marca precisam ser contadas por todos os envolvidos, sejam eles colaboradores, sejam fornecedores ou parceiros. Todo processo realizado, cada elemento de uma empresa, tem uma história para contar. E esses aspectos, quando valorizados, refletem a verdadeira face de uma marca, conectando-se, criando laços de fidelidade com o cliente.

Quando não há uma história, um produto é apenas um produto. Um artefato rapidamente substituível dentro do mercado competitivo. Uma história abre os caminhos da diferenciação de uma marca e, consequentemente, da organização que a representa.

Assim, a criação da história da marca não trata apenas de reconhecimento, mas também de desenvolver um propósito pelo qual será possível que o cliente realmente se importe e queira comprar. É definir o valor de sua mercadoria. A história é o alicerce de uma marca e uma estratégia de crescimento que pensa no futuro e no longo prazo.

Conhecendo todos esses benefícios, você deve estar se perguntando: Por onde começar? Sua história inicia quando um provável cliente escuta pela primeira vez o nome de sua marca ou quando vê sua logo, acessa o *site* e lê a aba "Quem somos" na página da empresa ou quando interage em uma rede social. O *marketing* torna-se efetivo quando um cliente ouve sobre sua marca por intermédio de outras pessoas. O "segredo" é que a história que ele vai conhecer foi criada por você, de forma planejada e estratégica.

A seguir, apresentamos algumas ideias que você pode seguir para criar a história de uma marca.

Utilize os problemas ao seu favor

Um problema pode ser utilizado de forma que a história de sua marca possibilite criar conexões com seu público. Fazer o cliente compreender a real situação, fazer com que o cliente sinta que a empresa é formada por "gente como a gente", é uma forma interessante de criar laços. Isso pode ser utilizado, principalmente, por marcas novas, das quais as pessoas esperam um bom motivo que justifique seu surgimento. No geral, para encontrar a solução de algum problema ou necessidade, ou, simplesmente, para mudar um paradigma do passado e se reinventar por meio da inovação. Nesse sentido, a história da marca deve ter como intenção principal comunicar tal objetivo.

Vire uma zebra

No mundo empresarial, as zebras são empresas que estão conquistando seu espaço em meio a grandes corporações. Elas são reconhecidas como disruptoras de padrão, uma inovação, um esforço que rende uma ótima história.

Valorize os clientes fiéis

Marcas com objetivos claros e uma história bem definida criam grupos formados por clientes fidelizados, que desejam se expressar por meio dela. Assim, o valor do produto é outro, pois os clientes vão consumi-lo com o fim de alcançar um novo estilo de vida, voltado para algo cobiçado socialmente. Em outras palavras, a marca é totalmente direcionada para proporcionar experiências.

Faça o bem

Por fim, porém não menos importante, incorpore na história da marca um aspecto que represente bem-estar social. Promova a sustentabilidade, ajude aos outros, retribua à sua comunidade e faça o bem, de forma que essa benfeitoria atinja os consumidores e os faça querer ser parte da história da marca.

As ferramentas certas garantirão o sucesso de seu processo de construção da marca com a utilização do *branding*. Sendo um assunto em constante evolução – como tudo nos tempos atuais da informação acelerada –, nunca deixe de investigar as ferramentas do *branding*. O que deu certo hoje pode não dar certo amanhã. Lembre-se de que as pessoas estão em constante modificação e, junto a elas, os desejos de consumo, bem como suas necessidades também se transformam.

Utilizar o planejamento de *branding* de forma adequada vai possibilitar que sua marca nunca fique para trás e caminhe sempre junto a seu público-alvo, com as tecnologias e as inovações, alcançando os objetivos traçados anteriormente.

1.4 Percepções fundamentais relacionadas ao *branding*

No mundo do *marketing*, o *branding* assenta-se como uma tendência em comunicação que advém da evolução do *marketing* tradicional e dos preceitos da identidade visual corporativa, sendo muito mais do que o planejamento estratégico da marca, visto que estabelece vínculos e até mesmo uma relação emocional entre consumidor e marca.

Assim, o sistema de gestão vê a **marca** como um ser vivo, que nasce, cresce, desenvolve-se, amadurece e, às vezes, morre. Por isso, a gestão também analisa como a marca se renova, como se reinventa e como ela passa de uma geração para outra. Contudo, é necessário estar atento às diferenças entre os conceitos de marketing e *branding*.

As marcas, assim como as pessoas, têm um passado, um presente e um futuro. E elas lutam por uma identidade própria, criam relacionamentos para a vida toda. Como as pessoas, cada marca é única e com um potencial que pode ser atingido.

No mais, na globalização em que vivemos e com o uso da internet, o consumidor tem facilidade para escolher serviços e produtos mundialmente. A opção do cliente por um produto ou outro será definida pela relação de afetividade que a marca estabelece com ele. Os consumidores não escolhem a marca apenas em razão de um novo logotipo, símbolo, embalagem ou promoção. Nos dias de hoje, eles a escolhem porque a sentem, identificam-se e criam uma conexão com ela.

Nesse contexto, é importante que você também conheça o conceito e as particularidades da **identidade visual**: "A identidade visual é um conjugado de elementos gráficos que irão desenvolver a personalidade visual de um nome, uma ideia, produto ou serviço" (Strunck, 2007, p. 57).

Peón (2003) também ressalta que identidade visual é a exposição de uma organização privada ou pública, uma vez que contém o *design* de seus principais componentes, como a marca, o logotipo ou o símbolo; a organização de seus elementos, como padrões tipográficos, cromáticos, associações, assinaturas, cores, arquivos digitais; e as aplicações específicas, como papelaria, formulários, sinalização, frotas e uniformes.

Com isso, quando uma corporação realiza um serviço e apresenta uma imagem semelhante em seus impressos, uniformes e veículos, essa organização passa a constituir sua identidade visual, também conhecida como identidade empresarial ou identidade corporativa.

Em diversos estudos analisados, as expressões *desenvolvimento de identidade visual* e *desenvolvimento de identidade da marca* foram utilizadas com diferentes enfoques. A primeira faz referência a projetos de identidade visual no âmbito de criação gráfica da marca, e a segunda faz referência a um processo mais inclusivo, que compreende a marca com atributos intangíveis e tangíveis, como personalidade, propósito etc.

Contudo, expandir a maturidade da marca não é tão simples de se alcançar, afinal, desenvolver uma identidade corporativa forte é uma questão complexa, já que envolve diversos parâmetros que envolvem a empresa, como cultura organizacional, visão, missão, posicionamento, imagem, objetivos, estratégias e todos os itens que possam interferir na gestão da organização.

Dessa forma, para Aaker e Joachimsthaler (2009), o sucesso das marcas está diretamente relacionado à criação de uma imagem e de uma personalidade que ampara a percepção do consumidor de que atributos reais e abstratos almejados estão ligados à marca que ele está adquirindo.

Estudiosos afirmam que é crescente a relevância da imagem da marca para organizações e consumidores, inclusive, a tendência de aumento dessa necessidade evidencia-se na maioria das categorias de negócios, tanto de instituições públicas quanto privadas. Por isso, devemos levar em consideração que, para obter uma identidade visual de sucesso, ela deve ser fácil de reconhecer e de lembrar, a fim de viabilizar o reconhecimento de marca, a veiculação de propaganda e o planejamento das estratégias da organização em geral.

De acordo com Strunck (2007, p. 67),

> Dos seus primórdios até nossos dias, a identidade visual percorreu um longo caminho. A venda de produtos e serviços se desenvolveu muito nos últimos 25 anos. Hoje, se uma empresa não tem uma boa imagem, não causa uma boa impressão à primeira vista, isso irá certamente refletir em sua receita.

Há exemplos de grandes empresas que foram capazes de sintetizar sua marca em pequenas formas, poucas cores e símbolos simples, tornando-se, assim, inconfundíveis, o que demonstra a sequência de reconhecimento e memorização das interpretações geradas pelos estímulos. Quem não se lembra, por exemplo, do símbolo da Nike?

Sendo a forma o primeiro elemento a ser percebido, já que não necessita de leitura ou decodificação, seguido da interpretação da cor, que provoca emoções e associações, por fim, abordamos, de fato, o conteúdo, do qual é necessário interpretar e decodificar a linguagem, exigindo um tempo maior de processamento do cérebro. Portanto, a identidade visual é o conjunto de recursos visuais que representam a organização graficamente, e essa materialização da identidade da empresa é o ponto fundamental para o sucesso da comunicação estratégica da marca.

Compreendemos como o **público** aquele que recebe e decodifica o conjunto de símbolos provenientes dos produtos, serviços e comunicações emitidos por intermédio da marca. Assim, a identidade de marca constitui-se como um conceito de emissão, com o sentido e a concepção que a marca tem de si própria. A identidade precede a imagem, antes de ser representada na imaginação de seu público-alvo, de forma que é preciso saber o que se deseja apresentar.

Segundo Kapferer (2003), existem fontes de identidade para uma marca para análise e atenção: os produtos da marca, o poder do nome, os personagens da marca, os símbolos visuais e logotipos, as razões geográficas e históricas e a publicidade. Conheça cada uma delas:

- **Produtos da marca**: a marca não é apenas um símbolo sobreposto a um produto no fim do processo de distribuição, mas é um incremento de seus valores nos produtos e serviços e os acompanhará até o ponto de venda.
- **Poder do nome**: o nome é uma das fontes mais importantes de identidade, e quando a marca se pergunta sobre sua identidade, convém investigar o nome, de modo a encontrar a lógica de sua escolha.
- **Personagens da marca**: determinadas organizações optaram por ser representadas por um personagem. Eles dizem muito acerca da identidade da empresa, pois foram escolhidos como retrato dela, sendo prolongamentos de marca.
- **Símbolos visuais e logotipos**: os símbolos informam sobre a personalidade e a cultura da instituição e são escolhidos como os insumos que alimentam escritórios de *design* e de identidade gráfica. Eventuais mudanças de logotipos assinalam sempre uma mutação da empresa ou da marca.

- **Razões geográficas e históricas:** algumas marcas contêm em si a identidade de seu país de origem, outras são totalmente internacionais, e isso é uma escolha voluntária. Trata-se de fato da procura da identidade voltada para a ação estratégica e da busca por compreender os valores da empresa.
- **Publicidade:** é quem escreve a história da marca. Uma vez que a organização divulgue os produtos ou serviços, é necessário que tome a palavra. Qualquer comunicação veicula implicitamente uma mensagem sobre o emissor, o destinatário e a relação que se pretende estabelecer entre eles. Voluntariamente ou não, qualquer entidade assume, por meio de suas comunicações, uma personalidade, história ou cultura. Gerir a marca é conduzir essa ferramenta no sentido escolhido.

As fontes de identidade são os pontos de relação entre a marca, seus clientes, parceiros e colaboradores, sendo o elemento que forma a imagem representativa na mente de cada um deles. Vale ressaltar que a marca e seus elementos são passíveis de adaptações, de modo a adequar a identidade visual da organização à sua identidade corporativa e, assim, torná-las integradas, uma vez que a identidade visual, da mesma forma que as empresas, é um sistema aberto e sujeito a mudanças.

PARA REFLETIR

Verifique com critério os conceitos de **identidade visual** e de **marca**, pois cada um deles podem ter significados complementares e que se aproximam ora do campo do *design*, ora do campo do *marketing*.

Nessa abordagem também se enquadra a **estratégia da marca**. Elemento fundamental de sua composição, a estratégia da marca é um plano que tem por objetivo definir uma série de diretrizes que permitam ajudar a conduzir o comportamento, a ação e a comunicação, a fim de que os objetivos traçados possam ser realizados. Segundo Wheeler (2008, p. 12), "é alinhado com uma estratégia de negócio, emerge dos valores e cultura da empresa, e reflete um conhecimento aprofundado das necessidades e percepções dos consumidores".

A estratégia de marca auxilia, ainda, a definir o posicionamento, o grau de diferenciação perante a concorrência e a vantagem competitiva. Desse modo, facilita o redirecionamento da oferta da melhor forma, quer para o mercado, quer para o público. Quando organizada eficazmente, a estratégia proporciona uma ideia central e unificada de todos os comportamentos, todas as ações e todas as comunicações da marca. Seus efeitos e resultados não são imediatos, vêm com o tempo, bons ou não. As melhores estratégias, no entanto, são absurdamente inovadoras, diferenciadas e, às vezes, esquisitas, mas são tão poderosas e possibilitam ultrapassar a concorrência.

Para desenvolver uma estratégia de marca, precisamos, em primeiro lugar, construir uma visão sólida, trabalhar em sincronia total com a estratégia comercial, transbordar os valores e a cultura da organização e, principalmente, obter uma percepção profunda das necessidades dos clientes. Por isso, podemos dizer que, construir a estratégia de uma marca quer dizer também definir o posicionamento, a diferenciação, a vantagem competitiva e uma proposta de valor única que o cliente só vai encontrar ao entrar em contato tal marca.

A estratégia da marca, uma vez definida, precisa ser entendida por todos os *stakeholders* – que são os clientes internos e externos, mídia, acionistas, fornecedores, entre outros –, e todos devem estar alinhados com ela, já que a estratégia servirá de mapa e norte para todos, facilitado o trabalho das equipes para atingir os objetivos determinados.

Podemos organizar a estratégia de uma marca com base em seu alinhamento, conforme demonstra a Figura 1.3, a seguir.

Figura 1.3 – **Alinhamento da marca**

Visão ▶ Ações ▶ Expressão ▶ Experiência

São quatro passos, porém um longo caminho, e, por isso, geralmente não é possível que uma só pessoa faça tudo sozinho, é necessária uma equipe interna e, algumas vezes, também externa, além de manter o foco nas necessidades do cliente.

Os estudos de Chailan (2009) afirmam que a arquitetura das marcas satisfaz um enfoque de relação hierárquica entre as marcas de uma empresa, garantindo como ela vai relacionar-se com determinado produto ou categoria, permitindo conciliar as necessidades dos consumidores com a logística e a lucratividade da empresa.

Nesse sentido, a arquitetura de marcas diz respeito às categorias compostas por várias marcas existentes em uma mesma organização. Ajudando as empresas a vender e a crescer com mais eficiência por meio do *design* da identidade, aplicando ordem visual e diferenciação. Essa eficiência demonstra seu valor no momento da aquisição ou da fusão de empresas, o que, na maioria das vezes, contribui para a manutenção das marcas obtidas, até mesmo nos episódios em que estas são concorrentes.

O desenvolvimento de um novo produto, por exemplo, pode instigar a construção de uma nova marca ou a manutenção de uma já existente apenas com a inclusão de *slogans*, denominações específicas, como *premium* ou *gourmet*.

De acordo com Chailan (2009), não há um modelo único de arquitetura de marcas, pois não há consenso quanto ao número de níveis e de conceitos da hierarquização de produtos. Para isso, existem duas camadas principais: **marca mãe** e **marca do produto**. A primeira refere-se à marca corporativa, funcionando como uma instalação para todos os produtos e serviços da organização. A marca mãe é evidenciada de forma exclusiva no produto, que protesta à designação de venda nos moldes da diferenciação. Já a segunda é utilizada pelas empresas como estratégia, omitindo a marca corporativa e recorrendo a marcas distintas para cada produto ou serviço.

Atualmente, há quatro cenários para a arquitetura de marcas: marca monolítica, marca pluralística, marca subsidiária e marca endossada. Conheça cada uma delas a seguir.

Marca monolítica

É a marca que detém a confiança do consumidor, que a prioriza no momento de uma compra, tendo em vista as propriedades e os benefícios do produto ou serviço, em que são utilizadas denominações genéricas para cada um deles.

Nesse contexto, o consumidor decide realizar a compra por fidelidade à marca, que é reforçada pela unificação de seus produtos. Por esse motivo, a marca mãe é evidenciada por uma única assinatura visual com registro legal no produto. Os outros elementos textuais, que discriminam a categoria a qual o produto pertence, não são passíveis de registro legal, pois utilizam nomes comuns, como, por exemplo, *sabão em pó*.

Marca pluralística

Nesse caso, uma mesma organização tem uma variedade de produtos com marcas conhecidas pelos consumidores. Para a promoção dessas marcas, os recursos de *marketing* são investidos na direção do público-alvo. Assim, a marca corporativa é reconhecida apenas pelos empresários, sócios, acionistas e investidores, podendo ser desconhecida por parte do consumidor-final.

Marca subsidiária

Também conhecida como *arquitetura de submarca*, na marca subsidiária o produto ou serviço acrescenta a marca corporativa à sua marca, e as duas servem como condutoras. Contudo, a marca mãe domina.

Marca endossada

Por fim, a marca corporativa (ou marca mãe) defende o produto ou serviço, ainda que estes tenham público e presença de mercado bem definidos. Dessa forma, o produto é beneficiado com a associação de sua marca própria com a marca mãe.

Além dessas, as marcas podem alcançar outras diversas categorias. Desse modo, conforme tal entendimento, quando as marcas estão disseminadas entre produtos de uma mesma categoria, elas são chamadas de *extensões de linha*, ao passo que as marcas constituídas em produtos de categorias diferentes são chamadas de *extensões de categoria*.

Ao abordar esse assunto, Strunck (2007) expõe dois modelos de extensões de linhas: as verticais e as horizontais. Uma extensão de linha vertical é caracterizada pelo bom emprego da marca de um produto em outros produtos de mesma categoria, podendo manifestar-se em variações de preço e/ou de qualidade. Em uma extensão de linha horizontal, a marca é introduzida em produtos ou serviços de categorias distintas. Nesse caso, deve-se levar em conta a autoridade da marca corporativa, de modo que suas qualidades e seus valores sejam transportados a toda a linha de produtos.

SÍNTESE

Neste capítulo, analisamos o contexto histórico do *branding*, bem como os episódios marcantes de sua evolução e desenvolvimento de respeitabilidade. Discutimos os conceitos de marca e seus elementos, a identidade visual, o *branding*, a classificação dos cinco tipos de gestão de marca e as percepções fundamentais relacionadas ao *branding* e à gestão de marcas.

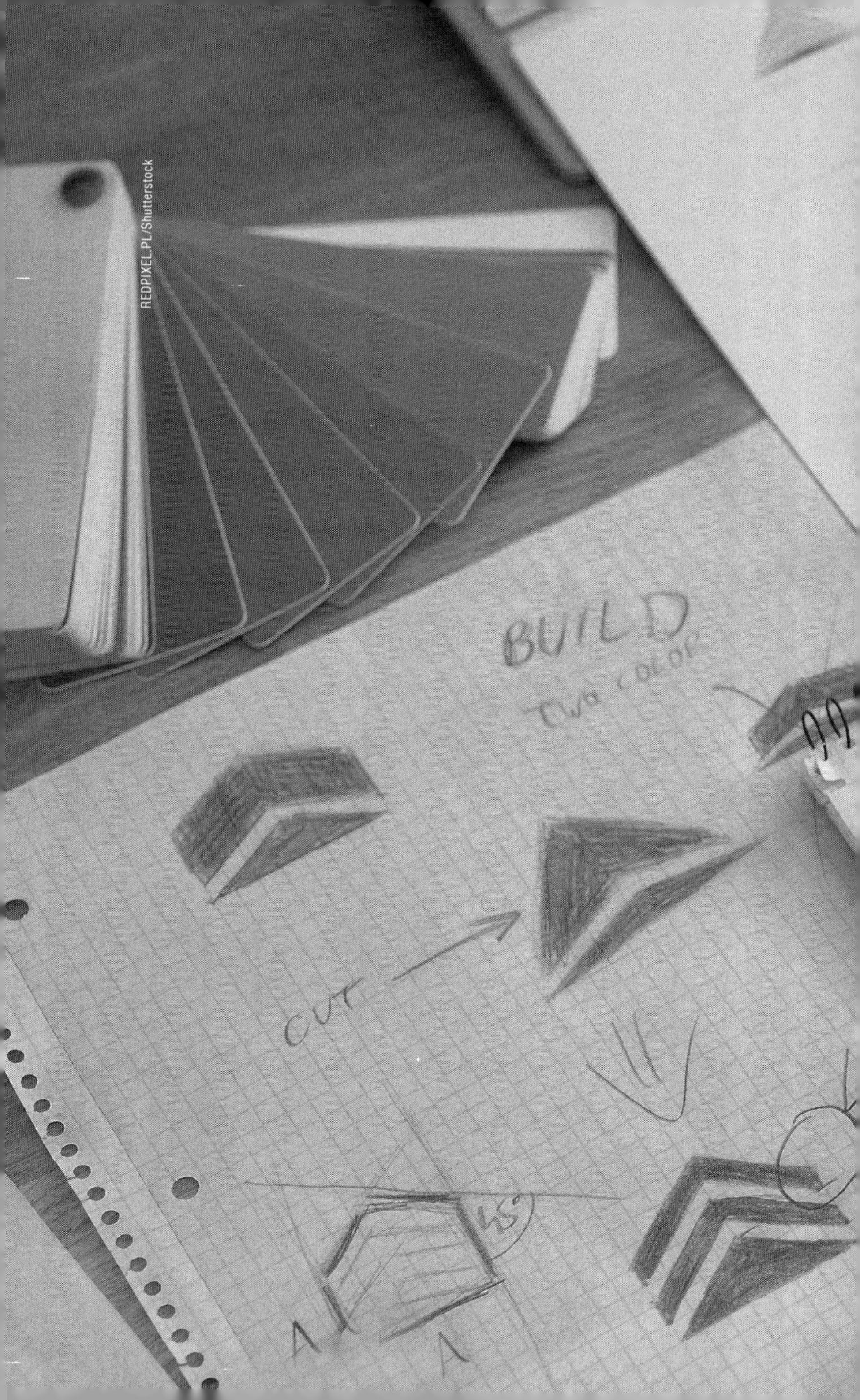

REDPIXEL.PL/Shutterstock

Capítulo 2

O PODER DAS MARCAS

O processo acelerado da globalização influencia a necessidade das marcas e o destaque que elas já têm e terão no futuro. Mesmo que a marca sofra alterações, a relação entre o consumidor e o produto ou serviço segue o mesmo caminho, que precisa ser sempre ajustado, considerando que o consumidor é quem decide aceitá-la ou não.

Assim, neste capítulo, abordaremos, inicialmente, um recorte dos principais estudos sobre posicionamento de marca, bem como a apresentação dos ideais, da visão, dos significados e do valor de diferenciação da marca, juntamente à sua aplicação prática no *marketing* e no *branding*. Posteriormente, trataremos das estratégias de *marketing* competitivo, pontuando as principais tendências de marca da atualidade, bem como a aplicabilidade do *rebranding* e do plano de *marketing*.

2.1 Posicionamento de marca

Gerenciar uma marca é um dos desafios fundamentais da gestão organizacional, em razão do crescente acesso à informação e à propagação dos recursos tecnológicos, e isso dependerá dos subsídios diferenciadores, como percepção estratégica e franquia da marca. A **estratégia** depende do posicionamento da organização, assim como do caminho escolhido e não explorado para atuar de modo criativo e eficiente para o mercado atuante. Já a **franquia** está relacionada ao ativo essencial das organizações, expresso por sua capacidade de pensar, desenvolver e gerenciar uma marca de modo a influenciar o rumo estratégico e o grau de dificuldade para sua prática.

Diante disso, é certo que, quanto maior a eficácia da marca e a franquia de mercado adquirido, menor serão os recursos necessários e, por conseguinte, maiores e mais acelerados serão os retornos esperados.

Marca é definida como o agrupamento de atributos tangíveis e intangíveis, representada através de um logotipo, que quando gerenciada de forma correta, estabelece influência e cria valor ao produto ou serviço. Ou seja, a marca é como um sistema conectado que promete e tem a intenção de entregar soluções às empresas ou pessoas. (Martins, 2006, p. 6)

O impulso do posicionamento de marcas pode ter uma decorrência catalítica e, ao mesmo tempo, potencializadora da visão estratégica, de *marketing* e de comunicação organizacional. É considerada catalítica porque proporciona facilidades a quase todas as atividades empresariais, como recrutamento de pessoas, e também em virtude do interesse das vias de distribuição para negociar produtos ou serviços disponíveis. O poder potencializador é resultado dos empenhos aplicados nas grandes marcas que geram resultados diretamente superiores àqueles destinados às pequenas marcas ou a produtos e serviços desconhecidos.

Para isso, atualmente, é necessário um tratamento especializado para posicionamento de marcas. Sobre isso, Martins (2006) destaca as principais motivações:

- desestímulo aos impedimentos comerciais internacionais;
- crescente concorrência em todos os segmentos;
- grande oferta de marcas nas mesmas camadas;
- centralização de marcas de adequado padrão técnico;

- marcas próprias;
- imagem deficitária total das marcas;
- mínimo envolvimento pessoal dos consumidores; e
- crescente influência do varejo.

Dessa forma, na intenção de criar uma identidade para a marca, deve-se, inicialmente, desenvolver o projeto baseado na **visão** da marca, em seu **valor**, seu **significado**, sua **autenticidade** e sua **diferenciação** para, então, discutir os fatores de durabilidade, coerência, flexibilidade e comprometimento da marca. Tais componentes são fundamentais para o estabelecimento de um processo criativo e responsável, independentemente do tamanho da organização ou do tipo de produto ou serviço ofertado. Podem ser utilizados o nascimento de uma empresa, como em um processo de *redesign*, o lançamento de um novo canal de vendas, a criação de embalagens, entre outros.

Na atualidade, existem mais de um milhão de marcas comerciais registradas. Mas reflita: O que torna uma marca melhor do que outra? A resposta está na identidade audaciosa e memorável da marca, que possibilita à organização um rápido reconhecimento, com valor duradouro e sucesso em vários canais.

A seguir, apresentamos cada componente fundamental para construção do posicionamento de uma marca.

Visão

Assumir uma visão audaciosa exige coragem, considerando que grandes empresas que desenvolvem grandes ideias e grandes produtos são mantidas por especialistas que têm a capacidade de prospectar o que os outros ainda não enxergam. A visão de uma organização precisa vislumbrar o futuro para se manter atualizada.

Nesse sentido, o profissional de *marketing* dispõe da ferramenta para sintetizar o fundamento e as inspirações da marca: a visão estimulante de uma filosofia ou liderança eficaz, eloquente e apaixonada.

Valor

A identidade da marca é uma estratégia que agrega valor a ela, ao aproveitar todas as oportunidades para desenvolver consciência de mercado, aumentar o reconhecimento da empresa e comunicar a qualidade do produto ou serviço. O valor também pode expressar as diferenças competitivas de uma marca em um mesmo segmento, demonstrando ao consumidor final sua exclusividade.

Significado

Com um valor bem definido, as grandes marcas precisam representar algo importante, como um posicionamento estratégico ou uma grande ideia que atenda às necessidades do consumidor. O significado de uma marca impulsiona a criatividade, que pode ser informada por meio de uma logo ou de um símbolo associativo, de forma a comunicar, explicar, ser compreendido e aprovado pelo público-alvo. Assim, todos os componentes da marca precisam transparecer um significado, com uma estrutura lógica que deve evoluir à medida que a empresa cresce ou passa por mudanças significativas.

Autenticidade

Esse elemento refere-se à coerência da marca de acordo com seu autoconhecimento e à tomada de decisões. Para iniciar o processo de composição da identidade da marca de forma positiva, a organização precisa saber quem é e o que representa para a sociedade, criando marcas sustentáveis e verdadeiras. Para isso, a autenticidade da marca precisa estar diretamente interligada com a missão, a história, a cultura e a personalidade da empresa.

Diferenciação

A competição de empresas em um segmento específico sempre vai existir, pois sempre existirão empresas concorrentes. Por isso: **Inove! Seja diferente!**

Para diferenciar uma marca da outra, é necessário chamar a atenção do consumidor diariamente e de diversas formas, de modo a induzir suas escolhas de consumo demonstrando as facilidades proporcionadas pelo produto ou serviço.

Com a visão, o valor, o significado, a autenticidade e a diferenciação bem definidos, o departamento profissional de *marketing* pode iniciar a discussão sobre o estabelecimento da durabilidade, da coerência, da flexibilidade e do comprometimento da marca.

Durabilidade

Uma marca que transmite segurança consequentemente conquista a durabilidade de seu produto ou serviço no mercado. Para isso, é necessário comprometer-se com a ideia principal durante um longo período de tempo, considerando também a capacidade de mudanças. Assim, uma marca precisa ser duradoura, ultrapassando as modas passageiras, reinventando-se sempre quando necessário, mas mantendo sua identidade central.

Coerência

Esse elemento garante a qualidade do produto ou serviço, de modo que o que é ofertado deve encaixar-se perfeitamente nas necessidades de consumo do cliente. Quando uma marca parece familiar, de experiência positiva, transmite confiança, induz o consumidor à fidelidade e agrega valor para este. Com o entendimento das necessidades e preferências do cliente, a coerência perpetua-se por meio de uma única voz, com um posicionamento claro e sólido. Assim, todos os contatos com a marca tornam-se novas experiências, ajudando o cliente na escolha do produto.

Flexibilidade

Como mencionado, a globalização e os canais de acesso à informação obrigam as marcas a construir um sistema de identidade da marca flexível. O objetivo, nesse caso, é aproveitar as novas oportunidades que surgem no mercado diariamente.

O profissional responsável pela marca precisa posicionar a organização para as possíveis mudanças e para o crescimento contínuo, garantindo que a marca sempre tenha um reconhecimento imediato.

Comprometimento

O gerenciamento da uma marca precisa ser feito com muita competência e disciplina, na intenção de protegê-la, mantendo uma imagem preservada e assegurando sua integridade e relevância frente ao mercado. Cada empresa deve controlar seu patrimônio ativamente, incluindo sua marca (ou marcas) registrada, os canais de venda, seus sistemas integrados de *marketing* e seus modelos normativos estabelecidos.

Apresentamos a seguir, resumidamente, cada elemento essencial da constituição de uma marca, assim como suas particularidades e funções específicas. Contudo, não existe uma regra absoluta sobre o que seguir. O importante é compreender as metas e o posicionamento do cliente referente às suas necessidades de consumo.

No entanto, apenas boas intenções não bastam. Na prática, após definir a missão, a visão e os valores de uma marca, é necessário ter certeza de que tudo está interligado e faz sentido. Para isso, estabelecemos um roteiro de perguntas a ser seguido nesse momento:

- A missão está bem definida?
- A missão condiz com as especificidades da empresa?
- A missão apresenta benefício real?
- Os colaboradores e parceiros acreditam nessa missão?
- Esses princípios estão sendo comunicados adequadamente?
- O objetivo está bem definido na visão da empresa, do produto ou do serviço?
- A visão é mensurável?
- Os valores são praticados pela empresa?

Se a resposta for negativa para algum desses questionamentos, recomendamos voltar atrás e rever os conceitos definidos. Agora, se todas as respostas forem positivas, é um sinal de que você está no caminho certo.

2.2 Estratégia de marcas competitivas

No estudo do *marketing*, o conceito de estratégia está envolvido com um conjunto de ações postas em práticas para atingir metas de divulgação, vendas e desenvolvimento de uma marca sólida. A estratégia representa todo o esforço do profissional do *marketing* para proporcionar visibilidade ao negócio, produto ou serviço, com o objetivo de atrair clientes e tornar a marca reconhecida como autoridade no mercado a que pertence.

Assim, a estratégia está profundamente ligada ao ato de planejar. Normalmente, é produzido um documento, que constitui o plano de *marketing*, alinhado às estratégias da instituição. Ele servirá como guia para todos os profissionais de *marketing* envolvidos no desenvolvimento de **ações**. Por isso, para definir a estratégia de *marketing*, entre outras coisas, é importante saber:

- Qual é o papel do *marketing* para impulsionar a estratégia de uma empresa?
- Que campanhas e projetos o *marketing* deve desenvolver?
- Qual o público-alvo que se pretende atingir?

Contudo, é importante compreender que nem toda ação de *marketing* é uma forma aplicada de estratégia. Como sabemos, infelizmente nem todas as organizações valorizam esse setor. Seja qual for a ação, ela precisa ser desenvolvida de acordo com um planejamento prévio e o estabelecimento de um projeto. O planejamento é utilizado para definir o que funciona melhor para a empresa. O projeto, por seu turno, é utilizado para colocar tal ação no escopo da empresa, monitorando e avaliando os resultados. Trata-se de ciência, e não de aventura. Isso é estratégia de *marketing*.

Nesse contexto se insere o *branding*. Se você ainda tem dúvidas sobre sua funcionalidade, então é hora de repensar seu ponto de vista: estudos apontam que, quando um vínculo é estabelecido entre a empresa e o cliente no atendimento de suas necessidades e seus interesses de consumo, cerca de 65% deles concluem que a empresa se preocupa com eles. Nesse sentido, de quem você acha que o cliente lembrará quando outras necessidades aparecerem?

De acordo com Kapferer (2003), os gestores de *marketing* de grandes empresas afirmam que o estabelecimento de uma marca sólida é fundamental para o sucesso de um negócio, e mais de 82% dos investidores confiam na força da marca e no reconhecimento dela no mercado para alocar recursos.

O *branding* está inserido em nosso dia a dia. Como exemplo rápido, quando o cliente vai a uma loja de calçados na intenção de comprar um tênis esportivo, muitas vezes ele fala: "Gostaria de comprar um Nike ou um Adidas". Isso acontece porque essas empresas edificaram uma marca e estão presentes (direta e indiretamente) em todos os lugares.

Sulz (2019) conceitua *branding* como uma estratégia de gestão de marca com o objetivo de torná-la mais conhecida, desejada e positiva na mente dos consumidores. Portanto, a gestão de *branding*, envolve as ações relacionadas a propósito, valores, identidade e posicionamento da marca.

Em geral, essa ferramenta trabalha com a abordagem de que uma marca precisa ser planejada, estruturada, gerida e promovida, de modo que todos esses processos façam parte de uma gestão de marca. De acordo com Sulz (2019):

O objetivo é assegurar que todos seus stakeholders entendam seu posicionamento, aumentar sua relevância no mercado, potencializar sua visibilidade e fazer com que sua empresa tenha uma boa reputação com seu público. São estratégias que garantem que sua empresa cresça de maneira sustentável.

Conheça alguns *cases* de sucesso nacional e internacional de empresas que realizam a gestão de marcas sob a perspectiva do *branding* e, com isso, instituíram reconhecimento e construíram uma imagem que se tornou indissociável de suas marcas.

O primeiro e um dos mais famosos *cases* é de uma das marcas mais valiosas do mundo: a Apple, fabricante de dispositivos eletrônicos muito cobiçados. Em 1997, a empresa instituiu o *slogan* "*Pense diferente*", com o objetivo de transparecer a filosofia da empresa. O sucesso é inegável. Até hoje essas duas palavras são a essência daquilo que move os produtos e serviços da organização.

No Brasil, um *case* de sucesso tem sido o posicionamento simpático e ousado assumido pela empresa de cosméticos O Boticário, demonstrando preocupação com as pessoas por meio de suas campanhas publicitárias.

A estratégia adotada pela marca consiste na produção de produtos de qualidade, ações bem definidas de *marketing* e uma visão voltada para a valorização do meio ambiente e dos seres humanos.

Por fim, o *branding* visa garantir que a organização se desenvolva de forma **inteligente** e **duradoura**, sempre considerando o modo como a marca é compreendida. No geral, é importante não esquecer de avaliar quatro principais pontos na hora de construir uma marca:

1. *design*;
2. identidade;

3. percepção do cliente; e
4. posicionamento da marca.

Ao lembrar desses fatores, você estará praticando o *branding*. Ações que fazem toda a diferença na consolidação e destaque de uma marca diante de sua concorrência. O consumidor nunca se esquece de um produto ou serviço que lhe proporcionou algo muito além do simples ato de compra e venda, uma experiência positiva.

As duas principais tendências provenientes do *branding* são o *cobranding* e o *rebrandig*. Relembrando brevemente, *cobranding* acontece quando duas ou mais marcas se unem para oferecer produtos, serviços ou ações que agregam maior valor. Um exemplo de *cobranding* é a parceria, de 2006, entre a Nike e a Apple, que apresentou um tênis com chip que se conectava ao Ipod, possibilitando que o consumidor ouvisse música enquanto praticava esportes.

Já o *rebranding*, de forma prática e sugestiva, é o processo de atualização de uma marca. Esse fator pode acontecer de diversas maneiras, desde a criação de um novo nome ou um novo logotipo, assim como adequação da identidade visual ou reposicionamento no mercado. Steve Jobs (citado por Arruda, 2011), ao explicar a visão da sua empresa em uma conferência de apresentação da Apple, afirmou: "enquanto alguns os veem como loucos, nós vemos gênios. Porque as pessoas que são loucas o suficiente para mudar o mundo são as que, de fato, mudam". Em outras palavras, ***think different***! Isto é, pense diferente e mude o mundo!

O segredo do *marketing* está em não se acomodar. As pessoas mudam diariamente e, para alcançar ou manter o sucesso, é necessário sempre estar atento a todas essas transformações. Então, preste atenção e sempre refaça estas perguntas sobre sua marca:

- Qual o valor da minha marca?
- No que minha marca se destaca da concorrência?
- Qual a influência de minha marca na vida dos consumidores?
- Como está meu relacionamento com os clientes?
- Meus clientes estão fidelizados?
- A marca está de acordo com seu posicionamento no mercado?
- Quem são meus concorrentes diretos?
- O que há de novo no mercado?
- Minha identidade visual permanece interessante?
- Quais as necessidades atuais do mercado?

A avaliação constante não permitirá que sua marca se torne obsoleta. Sempre há pontos de melhoras na identidade visual de uma marca – virtual, física, de vitrine, de embalagem, de ações de publicidade ou da própria logo. Não perca o *timing*! Acompanhe as tendências e garanta seu lugar ou de sua empresa na frente da concorrência. A melhor estratégia sempre será aquela que conversa diretamente com seu público.

Nunca as empresas disputaram tanto a atenção e o espaço na vida dos consumidores. Uma pessoa tem contato com 2 mil marcas por dia, aproximadamente, porém menos de 300 delas permanecem em suas memórias. Com tantos canais de informações físicos ou digitais, juntamente às diversas experiências que essas marcas proporcionam, estabelece-se relação com aquelas em que o consumidor consegue se identificar.

Nesta era digital, em que as coisas acontecem de forma muito rápida e tudo está sempre em constante transformação, o elemento humano passa a ser mutável, flexível e dinâmico. Da mesma forma, as marcas começaram a acompanhar esse ritmo. A evolução digital proporcionou o emprego da dinâmica da contemporaneidade às marcas, abandonando a utilização apenas de sua forma básica, simétrica e regular, e passando a considerar as mais diversas variações que podem surgir em seus sistemas de identidade.

A aceitação dessas marcas **dinâmicas** possibilitou a humanização das empresas, tornando o processo próximo às pessoas. Com isso, se o cliente é capaz de se transformar para se adaptar à agilidade da vida contemporânea, as marcas também devem seguir esse caminho, adaptando-se à rotina de seus diferentes públicos.

A estratégia de *marketing* embasa sua importância por meio de resultados, que serão percebidos na redução de gastos, nas decisões assertivas e na diminuição do risco.

Redução de gastos

No mundo empresarial, todos sabem que decisões mal tomadas ou, melhor dizendo, mal planejadas geram gastos indesejados. Todo investimento ruim, uma hora ou outra, gera prejuízo financeiro. Tal fato impacta tanto a empresa quanto seus colaboradores.

Imagine que todo tempo desperdiçado procurando solucionar os problemas criados poderia ser utilizado para desenvolver outras tarefas. Portanto, é importante autenticar uma estratégia clara e compartilhá-la na organização. Isso evitará decisões ruins, ou seja, atuará diretamente na redução de gastos.

Decisões assertivas

As tendências e o comportamento do consumidor são os balizadores mais importantes para a tomada de decisões em uma organização. Nesse sentido, o *marketing* atua estrategicamente, de forma a contribuir para decisões assertivas.

O planejamento vai proporcionar dados e coletar informações que vão encaminhar as ações, de acordo com os principais pontos de interesse do mercado, fazendo com que o produto ou serviço se mantenha atualizado e saudável no longo prazo. Entenda que saber como e quando direcionar os recursos pode ser a chave para o sucesso de uma organização.

Diminuição do risco

Agir sem algum tipo de planejamento põe em risco o sucesso de qualquer estratégia. A falta de conhecimento sobre o mercado que pretende abranger pode ser um erro que custará o sucesso empresarial. Estratégias mal definidas causam perda de tempo, desmotivam a equipe, que não saberá como resolver determinadas situações, provocam conflitos internos e menor engajamento de produtividade. Assim, não haverá resultados, pois os riscos foram diversos e mal gerenciados.

Nesse contexto, você precisa compreender que não é possível fazer *marketing* pela metade, e definir uma estratégia a ser seguida é o primeiro passo. Lembre-se: após escolher um objetivo a seguir, comece o planejamento em torno disso, evitando estresse desnecessário e diminuindo os riscos institucionais. Adote um padrão de atividade e uma estratégia bem alinhada do início ao fim. Esse é o caminho para os melhores resultados. Ao segui-lo, você e sua equipe estarão bem preparados para atuar no mercado competitivo.

2.3 Alavancagem de *marketing*

Especialistas apontam que os departamentos de *marketing* nunca tiveram uma oportunidade melhor de se aproximar dos consumidores como na atualidade da era digital. A tendência é que o desejo dos clientes por atenção e fidelidade deve moldar o cenário de organizações, marcas, produtos, serviços e experiências do consumidor.

Poder utilizar dados para entender quais são as necessidades dos consumidores e satisfazê-las nunca foi tão prevalente. Os recursos tecnológicos agora permitem que as empresas consolidem seus bancos de dados em uma visão unificada do consumidor, possibilitando uma ação mais eficiente e ágil.

Diante disso, cabe perguntar: Como serão as estratégias de *marketing* e a experiência do consumidor nos próximos anos? A seguir, discutiremos brevemente as cinco principais **tendências** de constituição de marcas que mais vão impactar as organizações.

2.3.1 A era dos dados integrados

Recentemente, as empresas começaram a focar em integrar seus dados para observar e classificar melhor seus consumidores. Dispor de todos os dados juntos em um só banco permite que as empresas tenham uma visão mais ampla do consumidor, e gerar benefícios para o consumidor significa produzir benefícios para a empresa.

Espera-se ver a tecnologia da informação, o *marketing*, os serviços ao consumidor, o *design* e a identidade de produto contribuindo para a unificação desses dados. E isso possibilita a concepção de perfis de consumidores completos e em tempo real.

Além disso, a unificação de dados de *marketing* com os das plataformas de vendas dará origem a um novo modelo operacional de forma mais alinhada, assegurando a sincronia do planejamento estratégico e o engajamento de clientes. Esse sistema possibilita uma compreensão otimizada dos diferentes tipos de clientes que existem e como eles utilizam diversos canais (*on-line* e *off-line*) com distintas experiências.

2.3.2 **Inteligência artificial**

Outra tendência esperada é a criação de conteúdo desenvolvida em conjunto com plataformas de inteligência artificial, de forma a impulsionar o desenvolvimento de linguagem natural. Isso aumentará a qualidade, prevendo a eficácia do conteúdo que poderá ser segmentado de acordo com o perfil específico de consumidores.

Nesse contexto, nasce o conceito de *design experimental*, que consiste em pesquisa, teste e enfoque de otimização utilizados para organizar dados e fazer testes estatísticos que identificam as relações de causa e efeito entre *inputs* e resultados. Trata-se de uma ferramenta que permitirá a previsão do desempenho do conteúdo produzido.

Segmentar os clientes com base nas informações coletadas sobre eles permite produzir conteúdos mais relevantes e personalizados, com o objetivo de impulsionar a velocidade e a proliferação da informação. Contudo, é importante ressaltar que não se trata de uma disputa entre homens e máquinas, em que um pretende substituir o outro, mas sim de utilizar a máquina para que auxilie o homem na eficiência das criações de *marketing*.

2.3.3 Maturidade digital

Atualmente, já é possível ver organizações que iniciaram precocemente o processo de transformação digital avançando para a próxima etapa da maturidade digital, que é o gerenciamento da experiência do consumidor. Nos últimos anos, essas empresas digitais começaram a orientar as pessoas, os processos e as tecnologias a serviço do consumidor, por meio da disponibilidade e do gerenciamento de dados inteligentes, preditivos e em tempo real, sobre o comportamento dos consumidores. Esses fatores vêm modificando o núcleo de experiências criadas ao longo da história do *marketing*, de vendas e do atendimento ao cliente.

Priorizar investimentos em *marketing* e em conteúdos voltados para o futuro impulsionará as empresas a atingir a maturidade digital. Para isso, precisam ainda focar no consumidor, na infraestrutura adequada de dados e de tecnologia, no modelo operacional correto e nos demais parceiros da cadeia.

Em resumo, essas empresas mais avançadas tecnologicamente serão priorizadas pelos investimentos que fizeram, ficando à frente daquelas que ainda precisam adaptar-se à era digital.

2.3.4 Agile marketing

Agile marketing é a capacidade de uma empresa resolver as necessidades de seus consumidores em caráter imediato, fazendo testes, analisando os resultados destes e aplicando as resoluções assertivas. Algumas empresas já utilizam esse conceito em algumas áreas organizacionais. No entanto, essa ferramenta é uma novidade a ser implantada por todo o *marketing* das organizações, assim como por áreas maiores. Ela é utilizada com o objetivo de agregar valor à empresa, tendo como resultado um rendimento significativamente maior, limitando o risco e impulsionando a *performance* de vendas. Essa tendência tem grande potencial de se tornar o novo "normal" dos recursos utilizados pelo *marketing*.

2.3.5 Transformação digital

Os especialistas em *marketing* foram os primeiros a compreender e a aceitar a transformação digital e a centralização do planejamento estratégico no consumidor. O *marketing* tornou-se uma área pioneira para as empresas em termos de inteligência digital e de transformação e está, de certa forma, levando os demais processos da empresa consigo.

Ressaltamos que essa transformação tem impacto de curto prazo nos lucros e também nas perdas de uma empresa e em seus recursos intangíveis, como no crescimento da credibilidade, resultando no desenvolvimento de uma "energia catalisadora" para futuras transformações dentro da organização. Ficar atento a essas tendências, bem como a todas as novas desenvolvidas ao longo do tempo, tornarão seu produto ou serviço atualizados e proporcionarão o posicionamento da marca a longo prazo. Também é uma forma de criar relacionamento com seus clientes, falando a mesma língua deles e estando próximo a eles nos momentos de necessidade.

2.4 **Rebranding**

De acordo com Patel (2021), *rebranding* é uma ação que busca ressignificar o conceito de uma empresa, de um produto ou de um serviço por meio de uma estratégia planejada, na intenção de alterar a percepção do público com relação à marca. Esse ato pode ou não abranger mudanças de nome, logotipo, identidade visual ou outros componentes.

Tal ação pode ser essencial para o futuro de uma empresa. Há muitos motivos pelos quais uma companhia precisa reposicionar-se no mercado de maneira adequada. As razões para realizar um planejamento de *rebranding* podem compreender um processo de fusão entre empresas, a concepção da filosofia de uma organização, mudando seu direcionamento ou, simplesmente, a modernização de um produto ou uma marca que já não está se conectando com o consumidor.

O conceito de *rebranding* ainda pode ser associado à prática adotada por empresas com imagem prejudicada ou que buscam explorar novos mercados ou um novo público-alvo.

Quando você lembra de uma empresa, a imagem formada em sua mente não se limita às qualidades dos produtos ou serviços oferecidos. Muito mais do que isso, é possível lembrar de características marcantes, como, por exemplo, o poder de mercado da Samsung ou a inovação da Apple.

Essa percepção influencia, mesmo que centrada no subconsciente, a decisão de compra. Por esse motivo, as ações do *marketing* de todas as organizações têm o objetivo de desenvolver e consolidar a identidade da marca no mercado. Em um mundo de constante mudanças, a relação entre empresa e consumidores também passa por mudanças. Por isso, é mais comum do que você imagina que uma empresa precise realizar um reposicionamento de marca.

De acordo com Kotler, Hartajaya e Setiawn (2010, p. 67),

> Essa percepção da mudança no comportamento do consumidor e a imediata tomada de ação para se adequar são exemplos claros de um movimento de rebranding. O termo refere-se a um conjunto de ações estratégicas que visam a modificar o posicionamento de uma marca.

Contudo, nem todo processo de *rebranding* é igual. Segundo Patel (2021), existem três principais tipos de *rebranding*: o parcial, o evolutivo e o revolucionário. A seguir, apresentamos cada um deles.

Rebranding parcial

Acontece quando a marca modifica apenas alguns fatores que a identifica, de forma a não haver uma completa dissociação das marcas. Como exemplo, podemos citar o caso da empresa brasileira de cosméticos O Boticário, que, para algumas de suas campanhas, altera levemente as fontes utilizadas em seu logotipo, bem como as cores predominantes, como pode ser visto na Figura 2.1, a seguir.

Figura 2.1 – **Rebranding** parcial da empresa O Boticário

Rebranding evolutivo

Ocorre quando são concretizadas pequenas mudanças na marca ao longo do tempo. Durante o processo, os consumidores se acostumam com as alterações e, muitas vezes, sequer reparam. A mudança pela qual passou o logotipo da Google desde 1998 até o atual é um exemplo de *rebranding* evolutivo, como pode ser visto na Figura 2.2, a seguir.

Figura 2.2 – **Rebranding evolutivo da Google**

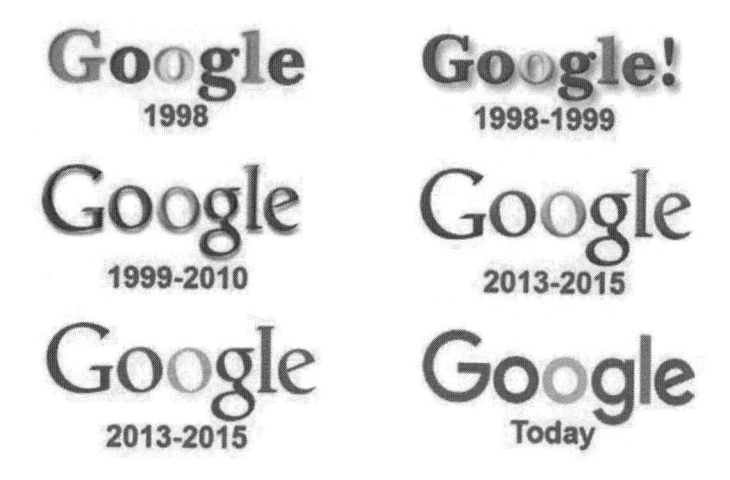

Google 1998

Google! 1998-1999

Google 1999-2010

Google 2013-2015

Google 2013-2015

Google Today

Rebranding revolucionário

Também conhecido como *rebranding radical*, é quando há uma grande modificação da marca da organização. Essa mudança pode apresentar novos nomes ou logotipos. Um exemplo prático dessa modalidade ocorreu na fusão das empresas aéreas TAM e LAN, que desenvolveram uma nova identidade visual: a Latam, como pode ser visto na Figura 2.3, a seguir.

Figura 2.3 – **Logotipo Latam**

Agora você deve estar se perguntando: Como realizar o *rebranding* em uma empresa? Assim como todos os outros processos, esse também exige muito planejamento, e as mudanças podem ser apresentadas de **forma repentina**, gerando mais impacto, ou de **forma gradual**, de modo que o público se adeque aos poucos a elas. Basicamente, a técnica de *rebranding* pode ser realizada em três passos: (1) trabalhar a identidade visual da marca; (2) posicionar a marca em canais relevantes de informação; (3) monitorar o comportamento do público.

Por fim, o fator considerado mais importante em um processo de *rebranding* é a certeza de que essa transformação é de fato necessária. Recomendamos considerar detalhadamente todos os possíveis motivos que embasam essa decisão. Os motivos certos para iniciar a mudança são relacionados ao fato de que uma marca deve comunicar os valores, a missão e os objetivos da corporação. Portanto, essa estratégia deve auxiliar a empresa a percorrer novos caminhos e alcançar novos planos. Se a identidade visual da marca, o mercado ou os serviços já não caminham no rumo previsto pelo departamento de *marketing* da organização, muito provavelmente o *rebranding* é a melhor escolha para fazer com que o público-alvo reconheça o propósito e a direção da nova marca.

Lembre-se de que o segredo para qualquer desenvolvimento de *branding* ou *rebranding* é instituir uma mensagem que **dialogue honestamente** com o consumidor em potencial, mantendo-se leal aos valores que a companhia calcula para seu crescimento no futuro. Dessa forma, tal mudança precisa ter um desígnio deliberado, na intenção de comunicar ao mercado uma informação vinculada aos objetivos da organização.

2.5 Plano de *marketing* para marcas

Robert Skacel (2005) caracteriza um plano de *marketing* como um orientador para o responsável desse setor realizar um processo sistemático e organizado de suas atividades de modo a obter os melhores resultados prováveis.

O plano de *marketing* também é descrito por Kotler e Keller (2006) como uma síntese documental do que o profissional de *marketing* dispõe sobre o mercado, contendo as diretrizes de como a empresa planeja obter seus objetivos, bem como instruções a fim de obter o máximo de eficácia e aplicação de recursos.

É um documento que estabelece os objetivos de uma organização, relativos a um período de atividades e que delineia programas de ação fundamentais para atingir esses objetivos.

Por vezes, um plano de *marketing* pode ser considerado equivalente a um planeamento de *marketing*, porém, o mesmo autor os diferencia para evitar que os significados sejam ponderados como sinônimos, quando, na realidade, apresentam funcionalidades diferentes.

O planeamento de marketing pode ser qualquer processo de planeamento que se encaixe no escopo amplo das responsabilidades de marketing. O plano de marketing é um documento escrito que detalha ações específicas de marketing dirigidas a objetivos específicos no âmbito de um certo ambiente de marketing. (Skacel, 2005, p. 13)

Portanto, o planeamento é uma função organizacional, um processo e uma atividade mental, ao passo que o plano de *marketing* é o resultado formal desse planeamento em forma documental, como resultado do processo anteriormente realizado.

Podemos salientar também que um plano de *marketing*, baseado nas definições dos principais autores, é capaz de fornecer a uma organização o melhor caminho a seguir, bem como a elucidação dos objetivos que devem ser buscados, as ferramentas estratégicas, o suporte para monitoração dos avanços e as melhores práticas do mercado, estabelecendo ações para intervenções quando houver necessidade e determinando responsabilidades, prazos e métricas que devem considerar constantemente a melhoria contínua e a lucratividade.

O plano de *marketing* oferece inúmeras vantagens à organização, pois oferece as bases sólidas para um planeamento coerente. Ao analisar estrategicamente os ambientes externo e interno, o mercado, os clientes, as ameaças e as oportunidades, os objetivos podem ser estabelecidos com clareza, de forma mais adequada às necessidades levantadas, e podem ser definidas as estratégias de *marketing* específicas, bem como as ferramentas de implementação e controle mais apropriadas de acordo com as necessidades.

O plano de *marketing* conduzirá a organização a objetivos realistas, estabelecerá metas e prazos, atribuirá as responsabilidades, fixará as prioridades para facilitar a organização a se manter consistente perante a sociedade e suas estratégias.

Por esses motivos, é unânime que a ação de planejar como essencial nas atividades organizacionais, e o plano de *marketing* é uma ferramenta fundamental nesse processo.

As organizações que formalizam seu planeamento de *marketing* também estão em melhor posição para identificar as mudanças no ambiente competitivo e responder a elas.

O plano de marketing, no entanto não deve ser confundido com um plano de negócios, que apesar possuir um plano de marketing, possui diversos outros itens como organização de negócio e propriedades, operações, estratégia financeira, recursos humanos, administração de risco, logística, entre outros. (Ferrell; Hartline, 2012, p. 40)

Os mesmos autores afirmam que um bom plano de *marketing* necessita uma grande quantidade de informações consistentes, partindo de uma diversificação também extensa de fontes diferentes, com uma perspectiva geral sem deixar de considerar detalhes relevantes.

A literatura apresenta diversas formas de estruturação documental de um plano de *marketing*, contudo sem um padrão estabelecido, sendo esse documento passível de adaptações consoante as necessidades, inclusive até com diferentes nomenclaturas, tamanhos e periodicidade – que geralmente costuma ser anual –, todavia, com elementos básicos que não devem ser ignorados no âmbito do planeamento.

Assim, ressaltamos que o plano deve conter o essencial, como as análises ambientais interna e externa, uma vez que seu prognóstico servirá de base para o desenvolvimento dos objetivos estratégicos, das metas, do posicionamento e do *marketing*. Além disso, a escrita deve ser assertiva e estruturada em uma sequência lógica que proporcione uma fácil compreensão, por todos os envolvidos, das atividades a serem executadas.

SÍNTESE

Neste capítulo, abordamos o posicionamento de marcas, bem como seus ideais, sua visão, seus significados e seu valor de diferenciação, juntamente à aplicação prática no *marketing* e no *branding*. Também detalhamos as estratégias de *marketing* competitivo, pontuando as principais tendências de marca da atualidade, a aplicabilidade do *rebranding* e do planejamento de *marketing* para marcas.

Chaosamran_Studio/Shutterstock

Capítulo 3

CONSTRUÇÃO
DE MARCAS

Todo consumidor tem a própria forma de observar e analisar tudo o que o rodeia, estabelecendo o que considera interessante. O estudo do *marketing* revela que há fatores emocionais que determinam a forma como o cérebro reage a estímulos diante do confronto com o produto que se apresenta com uma série de códigos sensoriais que destacam dado produto ou situação, que atenda ao desejo de consumo vinculando-o diretamente a uma empresa ou direcionando-o por meio de propagandas efetivas.

Brandão (2009) ressalta que,

> Para a empresa conseguir sucesso de produto, tangível e intangível no mercado deve-se observar a forma como o consumidor percebe o dia a dia faz uma projeção desse momento: do consumidor no ponto de venda observando ou comprando um produto que desperte seu desejo e sua atenção.

É de extrema relevância para o sucesso do *marketing* que o lançamento de produtos ou serviços e o desenvolvimento da marca sejam acompanhados de pesquisa e análise da percepção do consumidor para o qual pretende direcioná-lo.

Por isso, neste capítulo, inicialmente abordaremos a teoria da percepção dos consumidores, bem como seus elementos principais de sensações e interpretações, para, em seguida, discutir sobre a constituição de uma propaganda efetiva. Por fim, descreveremos o desenvolvimento de *design* de marcas.

3.1 Percepção dos consumidores

Percepção é a forma com que uma pessoa interpreta os sinais que compõem sua realidade. O estudo do *marketing* compreende um segmento de **teoria da percepção dos consumidores** que busca descrever suas ações e suas escolhas de compra.

Brandão (2009) destaca que "a percepção do consumidor é de extrema importância para a análise e o planejamento de produtos". A teoria da psicologia, desenvolvida por B. F. Skinner, investiga, com base no conceito de comportamento perceptivo, as características relacionadas ao dia a dia das pessoas, permitindo que esses dados sejam utilizados para a compreensão do perfil de consumo direcionado a uma empresa.

Dessa forma, a ciência contribui para desvendar os comportamentos que fazem um indivíduo comprar, destrinchando seu processo perceptivo e demonstrando que duas pessoas com características semelhantes, como a mesma faixa etária ou o mesmo tipo de moradia, podem ter percepções diferentes. É como se duas irmãs de mesma idade e que tiveram a mesma criação tenham percepções diferentes a respeito de um mesmo produto ou serviço. Enquanto uma delas vê o produto como necessário, a outra pode considerá-lo supérfluo.

O processo de desenvolvimento da percepção ocorre de maneira construtiva, de modo que a reprodução interna daquilo que acontece no exterior nasce sob a forma de uma hipótese. A informação que chega aos receptores é analisada da mesma forma que a informação proveniente da memória, contribuindo para a interpretação e a formação da representação.

É pela percepção que a informação é processada e que se consegue formar a ideia de um só objeto, o que significa que é possível apreender diferentes qualidades de um mesmo objeto e uni-las por intermédio da percepção para determinar que ele é um só. Por isso, nesse procedimento, é importante compreender o processo perceptivo e que ele é composto de dois elementos: sensações e interpretação.

3.1.1 Sensações

As sensações descrevem a forma como nosso corpo capta sinais do ambiente externo por meio dos órgãos sensoriais. Como profissional envolvido no *marketing*, você precisa compreender que seu produto precisa ser fora do comum, ou seja, precisa ter destaque entre os outros para gerar uma emoção ou sensação. A percepção pelos sentidos pode ser de origem auditiva (sons), tátil (toque), olfativa (cheiros), gustativa (relacionada ao paladar) ou visual (cores e formas).

3.1.2 Interpretação

A interpretação é a capacidade que permite a um indivíduo organizar seus sentimentos em relação a determinado produto, serviço ou situação e, em seguida, transformá-los em interpretações. Desse modo, a teoria da percepção viabiliza atribuir diferentes significados em produtos que pretendem ser lançados no mercado. E o *marketing*, de forma estratégica, age pensando nos métodos para se encaixar na percepção de necessidade dos consumidores.

Assim, esse conhecimento pode tornar seu processo construtivo muito mais fácil, pois sua empresa poderá detectar os comportamentos de seu público-alvo e oferecer produtos alinhados com suas perspectivas, de forma a suprir seus desejos verdadeiramente.

3.2 Propaganda efetiva

Primeiramente, entenda que fazer propaganda é fazer *marketing*. Esses são os dois precursores do sucesso de uma empresa. São os responsáveis por proporcionar a visibilidade desejada à instituição, de forma que, sem essa visibilidade e sem o conhecimento dos possíveis clientes, não adianta ter o melhor produto do mundo.

Reflita sobre esse fato bem simples: Quantas vezes você comprou um produto de uma empresa da qual nunca ouviu falar? Imagino que poucas ou nenhuma. Agora, quantas vezes comprou de uma empresa conhecida? Acredito que várias. Na maioria das vezes, sem nem pesquisar outras marcas ou verificar o preço e a qualidade do produto.

Isso acontece porque marcas de renome utilizam as propagandas e os processos de *marketing* de forma efetiva, ou seja, a seu favor. Veremos, agora, como desenvolver propagandas que produzam resultados satisfatórios para sua empresa ou seu negócio.

> Propaganda é um tipo de anúncio, entretanto, não é apenas uma imagem com legenda, e sim uma ferramenta para convencer as pessoas sobre algo ou alguém.
>
> **Propaganda** vem de propagar, multiplicar, prolongar; estender, alargar, no sentido de comunicação. Dessa forma, entende-se que **propaganda** vem de

propagar, estendendo de forma ampla a comunicação, independente do que se deseja propagar que pode ser uma ideia, uma crença, uma propaganda comercial etc. (Casa..., 2021, grifo do original)

Na intenção de evitar erros, apresentamos, a seguir, algumas dicas de como criar uma propaganda de qualidade.

Estabeleça o objetivo da propaganda

Toda propaganda deve iniciar com um objetivo predefinido – referente à empresa, a um produto ou a um serviço, a incentivar uma iniciativa ou a promover alguma ideia. O importante é considerar um objetivo específico e segui-lo até o fim.

É importante que fique claro que, sem objetivo estabelecido, de nada adiantará desenvolver uma propaganda. É o mesmo que dar informações para uma pessoa que não compreende seu idioma.

Efetivamente, esse objetivo, e a própria propaganda, precisa estar de acordo com a missão, a visão e os valores da organização, para não acabar informado algo diferente do desejado.

Delineie seu público-alvo

A prioridade de uma empresa deve ser o consumidor, ou seja, seu público-alvo. Direcione todos os seus esforços e recursos em propaganda para quem irá potencialmente consumir seu produto ou contratar seu serviço.

Para isso, é necessário delinear o perfil de seu cliente, colhendo informações que vão orientá-lo na construção da propaganda, bem como na **mídia** e linguagem que devem ser utilizadas. Veja algumas informações de público-alvo que devem ser consideradas:

- Qual a idade média do público-alvo?
- Em que ambiente o público-alvo está inserido?
- Qual a margem de renda desse público?
- Quais meios de comunicação utilizados por esse público?
- Como o público-alvo dialoga?

Para coletar essas informações, é necessário realizar uma pesquisa de mercado.

Crie

Com esses dados em mãos, é hora de criar a propaganda, na intenção de despertar o interesse do receptor, fazendo com que ele se torne um cliente da marca. É preciso criar algo que cause alteração imediata de sentimento do indivíduo, de forma que ele passe os olhos e sua atenção seja atraída para o que ele viu.

Um exemplo é a utilização de imagens de crianças ou cachorros em propagandas. Isso acontece porque esses elementos mexem com o emocional das pessoas. A criança, usada para despertar o instinto paterno ou materno, o cão para representar apego ou lealdade. Utilize essas, entre outras, **técnicas de vendas poderosas**. O importante é emocionar, permanecer na cabeça das pessoas, instigando o desejo de trazer tal sentimento para sua vida.

Com isso, sua propaganda desenvolverá quase que imediatamente um "distúrbio" no aspecto emocional ou instintivo do indivíduo alcançado. Já quanto à parte de conteúdo escrito, recomendamos destacar ao máximo o título principal e os subtítulos, apresentando sempre informações diretas, curtas e claras.

Lembre-se de que os **títulos** é que farão com que as pessoas continuem a ler sua propaganda. Muitos utilizam palavras que indicam temporalidade, como: "agora" ou "já", e também adotam certo suspense, como: "clique aqui e descubra".

Para impactar os consumidores e expor suas ideias, destacamos, a seguir, os três principais tipos de propaganda: comerciais, institucionais e governamentais. Trata-se de caminho estratégico para pôr em prática na sua empresa.

Antes, porém, confira o Quadro 3.1, que apresenta esquematicamente a diferença entre propaganda e publicidade.

Quadro 3.1 – **Diferença entre propaganda e publicidade**

PROPAGANDA	PUBLICIDADE
Uma propaganda nem sempre tem intenção comercial, pois pode ser política, governamental, de anúncios de utilidade pública, socioeducativa, entre outras. A palavra *propaganda* deriva de propagar, multiplicar, prolongar, estender, alargar, no sentido de comunicar. Desse modo, propaganda é uma forma ampla de comunicação.	Publicidade refere-se à comunicação comercial com ou sem fins lucrativos, com a função de publicar e tornar público, e, para isso, faz uso dos meios de comunicação para informar e chamar a atenção do público. Essa ferramenta do *marketing* pode transformar um momento, um evento ou uma ação da forma mais positiva possível, deslanchando vendas e novos produtos.

Propaganda comercial

Sobre esse tipo de propaganda, leia esta definição:

a ideia é que os varejistas e prestadores de serviço convençam o cliente de que a sua empresa vende o que ele precisa. A persuasão precisa ser feita com bases sólidas, ou seja, oferecendo o produto ou serviço em um trabalho que visa reforçar suas vantagens para o público, como seus preços, características físicas e valores subjetivos. (Noalvo, 2019)

Contudo, essa persuasão precisa ser constituída com exemplos concretos, gatilhos emocionais e ofertas ao verdadeiro desejo de consumo. As funcionalidades do produto ou serviço são exaltadas, informando como o consumidor poderá ser beneficiado.

Como exemplo, citamos anúncios de promoções em catálogos de supermercado ou dos lançamentos de produtos, patrocínios de eventos, contratação de influenciadores digitais ou toda atividade que promova, direta ou indiretamente, o consumo e que gere receita ao anunciante.

Propaganda institucional

Esta, diferentemente das outras, não tem a intenção gerar lucro, mas de expressar mensagens de caráter social, comunicar a respeito de ações institucionais, difundir dados de mercado ou estabelecer uma visão positiva em relação à marca. Por exemplo, são as propagandas de causas sustentáveis, consumo consciente, políticas públicas, feminismo, entre outros.

Propaganda governamental

Esse tipo de propaganda é realizado por governos ou órgãos públicos, com o objetivo de divulgar para a sociedade campanhas, eventos, realizações e prestações de contas. Ela pode ser utilizada, por exemplo, anúncio de campanhas de vacinação por parte do governo ou uma campanha para regularização de títulos de eleitores. Lembramos, aqui, que é proibida a promoção da imagem de qualquer autoridade, como governantes, parlamentares e ministros, em propagandas governamentais.

A respeito de campanhas publicitárias, é importante que você também conheça os principais tipos. A seguir, destacamos as campanhas proporcionais, de lançamento, de sustentação, de oportunidades ou sazonais, sociais e educativas e de revisão de marca.

Campanha promocional

Esse tipo também é denominado *campanha de varejo*, que engloba as estratégias agressivas de publicidade com o objetivo de dar impulso às vendas de um produto ou serviço. É utilizada no âmbito das propagandas comerciais, na maioria das vezes, quando diante da necessidade de girar o estoque, fazer liquidações, provocar a concorrência ou alcançar as metas de vendas.

A linguagem aqui é puramente comercial, com um tom mais imperativo e destacando muito os preços e os descontos nas peças publicitárias. Além disso, é normal encontrarmos gatilhos ligados à urgência e a escassez, como o uso de expressões como "só hoje!", "corra pra loja!", "últimas peças!", etc.

(Noalvo, 2019)

Campanha de lançamento

Essa campanha é utilizada para divulgar o lançamento de um produto ou serviço no mercado, exatamente como seu nome indica. Usualmente, adota uma linguagem com tom mais educativo e informativo, pois o objetivo é informar as principais características propostas no lançamento. Muitas vezes, essas campanhas também são uma espécie de pré-lançamento, em que se utiliza uma comunicação mais provocativa, com objetivo de gerar curiosidade, interesse e uma boa expectativa no público em relação ao produto.

A empresa de tecnologia Apple, por exemplo, costuma realizar um evento em cada lançamento de um de seus *smartphones*. Outro exemplo são os *trailers* de filmes disponibilizados no cinema, na TV ou nas redes sociais.

Campanha de sustentação

Essa campanha tem o objetivo de segurar o interesse do público em uma oferta divulgada e fazer com que ela não caia no esquecimento.

É muito importante não gerar intervalos temporais entre as campanhas de lançamento e sustentação. Recomendamos trocar os formatos de mídia, porém, sempre tentando manter a divulgação da oferta no ar, pois se trata de uma fase de maturação no uso do produto ou serviço.

Campanha de oportunidade

Essa campanha também é conhecida como *sazonal* e são desenvolvidas juntamente a eventos específicos, com objetivo de promover uma marca, um produto ou um serviço. Esse tipo de campanha está muito presente nos dias atuais. É aquela que você vê nas redes sociais, como subir um *tweet* ou postar uma foto no Instagram com a *hashtag* do momento. Outros exemplos muito propagados são as semanas de *black friday*, os grandes eventos esportivos, entre outros. O importante é levar o consumidor a **não perder uma oportunidade**.

Campanha social ou educativa

É utilizada quando uma organização, pública ou privada, deseja chamar a atenção das pessoas para causas sociais, como, por exemplo, o combate às drogas, a adoção de animais, a preservação da Amazônia, entre outros. No geral, tem a intenção de informar ou ensinar a sociedade sobre temas relevantes para os consumidores e para o público em geral.

Campanha de revisão de marca

Como o próprio nome já diz, essa campanha acontece quando há a necessidade de corrigir ou esclarecer uma informação errada ou confusa transmitida por uma marca. A linguagem adotada precisa ser muito clara e informativa, para não provocar novos equívocos relacionados à imagem da marca. Apesar de pouco utilizada, essa campanha pode ser necessária em algum momento em sua empresa e, por esse motivo, é importante conhecê-la.

3.3 Desenvolvimento de marcas

O conceito de marca, conforme definido por Martins (2006), é o agrupamento de atributos tangíveis e intangíveis, representada por um logotipo e que, quando gerenciada de forma correta, estabelece influência e cria valor ao produto ou serviço.

Uma marca de sucesso faz muito mais do que fornecer produtos ou serviços que atendam às necessidades ou facilitem a vidas das pessoas, elas também podem proporcionar experiências que desenvolvam forte conexão e relacionamento com os consumidores, que reconhecem nela os mesmos princípios e valores nos quais acreditam. Para desenvolver uma marca, é necessário realizar um processo complexo, que envolve escolher nome, *slogan* e logotipo da organização, e essa é apenas umas das etapas.

Para você compreender melhor, neste tópico descreveremos um passo a passo para ajudá-lo a pôr em prática as nove fases de desenvolvimento de uma marca: (1) determinar a estratégia da empresa; (2) definir o público-alvo; (3) delinear o perfil do consumidor; (4) esclarecer o posicionamento da marca; (5) construir a personalidade da marca; (6) definir a proposta de valor; (7) escolher o nome; (8) definir o *design* do logotipo; e (9) definir o *slogan*.

A seguir, você irá conhecer cada uma dessas fases.

Determinar as estratégias da empresa

De acordo com Frankenthal (2017), existem três tipos de estratégias principais que devem ser consideradas nessa etapa da construção de uma marca:

1. **Liderança total em custos**: quando a organização consegue produzir com baixos custos, oferecendo ao mercado preços abaixo dos concorrentes.
2. **Diferenciação**: quando a empresa alcança um desempenho superior em algum benefício importante e de alto valor para o consumidor.
3. **Foco**: quando a empresa utiliza uma das duas estratégias ora descritas em cada segmento específico do mercado.

Definir o público-alvo

Essa etapa consiste na seguinte indagação: Para quem a organização pretende vender seus produtos ou prestar seus serviços? Com base na estratégia de seu negócio, é necessário delinear o segmento da população a quem a organização vai direcionar seus recursos e canais de vendas, além de definir a linguagem apropriada a ser utilizada.

Para isso, é preciso conhecer os hábitos de consumo do público-alvo, como necessidades, renda, dados demográficos, preferências e comportamentos.

Delinear o perfil do consumidor

Essa etapa pode utilizar da técnica de criação da *persona*, que consiste em uma representação fictícia do perfil do consumidor, desenvolvida por dados oriundos da pesquisa de público-alvo. Ressaltamos que uma única marca pode desenvolver várias *personas*, pois nem sempre vende para apenas um perfil de consumidor.

Com o estabelecimento do nome, da idade, das preferências pessoais, das crenças, dos valores e dos hábitos de consumo, fica mais fácil compreender o perfil e o comportamento dos clientes e, com isso, criar uma marca de forma mais assertiva, com a qual o consumidor se identifica.

Esclarecer o posicionamento da marca

O que a marca faz de diferente ou melhor do que as concorrentes para que ganhe a preferência dos consumidores? O posicionamento se refere ao "lugar" que a marca ocupa nos sentimentos de seus clientes, diferenciando-se das outras marcas, e retrata um benefício no qual a organização seja superior, como a qualidade do produto ou serviço, o bom atendimento, a agilidade, os canais de comunicação, a assistência, entre outros.

Outra forma de esclarecer o posicionamento de uma marca é associá-la a causas sociais ou políticas, considerando as preferências e valores de seu público-alvo. Assim, a marca poderá desenvolver influência e poder nessas áreas, aproximando-se de seus clientes.

Construir a personalidade da marca

De acordo com Frankenthal (2017), a personalidade da marca é o agrupamento de "características humanas que podem ser associadas a ela, como confiança, inteligência, carinho, acolhimento e arrojo".

A constituição da personalidade é uma das etapas com maior força para instituir conexões emocionais e identificação com o público da marca. E deve traduzir fielmente as causas e os valores em que seus clientes acreditam e aqueles que estão dispostos a defender.

Definir a proposta de valor

A proposta de valor é a experiência que o cliente vai vivenciar em seu relacionamento com a marca, que envolve muito mais do que características, qualidades e diferenciais. Como exemplo, lembre-se da marca Nike e do *slogan* "Just do It", em que a proposta de valor é uma experiência de alta *performance*. As características e qualidades secundárias são beleza, conforto, durabilidade, entre outros. Portanto, a proposta de valor de uma marca promete solucionar as necessidades de seus clientes de forma específica ao seu perfil de consumo.

Escolher do nome

O nome constitui o primeiro componente que ativa a lembrança de marca. Este deve trazer firmes associações positivas e alinhadas com todos os conceitos apresentados nas etapas anteriores. Nos dias de hoje, a tendência é desenvolver nomes fortes e curtos, que apresentam fácil escrita e pronúncia, como o exemplo a transformação do nome da Loja Riachuelo, que agora é simplesmente Riachuelo.

Definir o *design* do logotipo

A logo é mais um componente da marca que facilita a lembrança e a diferenciação em relação aos concorrentes, por meio de cores, formas, tipografia e símbolos empregados.

Definir o *slogan*

Frankenthal (2017) descreve o *slogan* como uma frase curta, utilizada juntamente ao logotipo e ao nome da marca, na intenção de comunicar seu posicionamento.

Você deve compreender que não há como construir uma marca de sucesso sem colocar em prática as etapas e seus conceitos ao longo do processo. Seguir as recomendações vai ajudá-lo no desenvolvimento de seu processo criativo e garantir a efetivação da marca no mercado.

3.4 *Design* de marca

Uma organização não deve simplesmente realizar vendas, mas estar interessada em conquistar e manter um relacionamento com seus clientes, de forma a atendê-los vendendo ou prestando serviços durante um longo período, ou seja, fidelizar o consumidor, atendendo às suas necessidades com qualidade e de forma duradoura.

A construção da identidade de uma marca demanda conhecimento, tempo, estudo e persistência. É necessário que se estabeleça um grupo de relações aplicadas a cada componente utilizado.

De acordo com Strunck (2007), para sintetizar e transferir todas as informações ou experiências de uma marca, são estabelecidos ícones, símbolos e logotipos, com o objetivo de fidelizar o consumidor. Esses elementos são classificados em primários e secundários: os primários são o logotipo e símbolos, os secundários são as cores, tipografia, formas e outros recursos utilizados. Em conjunto, eles constituem a identidade visual da marca.

Tavares (2003), define *logotipo* como uma especificação da escrita do nome de uma empresa, produto ou serviço. A palavra *logo* é de origem grega e significa "ideia", "discurso". Já a palavra *tipo* expressa o sentido de "modelo" ou "exemplar".

Um logotipo sempre apresentará letras, que podem ser desenhadas, de um alfabeto já existente ou de um alfabeto criado, sendo classificado por Strunck (2007) da seguinte maneira:

- **tipográfico padrão**: quando o nome é escrito com uma letra já existente;
- **tipográfico retocado**: quando é utilizada uma fonte regular padrão, porém com retoques para particularizar o nome;
- **tipográfico exclusivo**: quando desenvolve uma fonte;
- **tipográfico iconizado**: quando uma das letras é transformada em um símbolo ou ícone;

- **singular:** quando é uma peça única;
- **com acessório:** quando tem complementos como retângulos ou arcos em volta.

> Entenda a diferença entre **logotipo** e **logomarca**. É comum ouvirmos ou utilizarmos a palavra *logomarca*, contudo, essa palavra geralmente é utilizada de forma errônea, pois aprofundando-se em sua etimologia, é possível observar que se trata de um expressão redundante. Veja bem, a palavra *logo* é proveniente do grego e pode adquirir o sentido de "significado". Da mesma forma, a palavra *marca*, que tem origem germânica, tem esse mesmo sentido. Então, qual é o sentido da palavra *logomarca*? Ela quer dizer "significado do significado". Agora ficou fácil compreender o problema da utilização dessa palavra. Evite cometer esse erro novamente!

Strunck (2007) define *símbolo* como um sinal gráfico que tem a intenção de identificar um nome, uma ideia, um produto ou um serviço. Esse elemento também desperta uma série de informações e experiências sobre a marca. Por isso, é escolhido de forma a comunicar a personalidade e a cultura da marca.

Os símbolos são classificados como abstratos ou figurativos:

- **abstratos:** aqueles que não representam nada ao primeiro olhar, porém possíveis significados podem ser aprendidos após certa reflexão;
- **figurativos:** aqueles que podem ser de natureza baseada em ícones, fonogramas ou ideogramas.

Strunk (2007) destaca cada um dos símbolos figurativos:

- **baseados em ícones:** aqueles cujas reproduções são fiéis àquilo que pretendem representar;
- **baseados em fonogramas:** aqueles formados apenas por letras e não são logotipos, pois não apresentam a escrita do nome da marca representada;
- **baseados em ideogramas:** aqueles em que as produções representam ideais ou conceitos específicos.

Um símbolo em conjunto com um logotipo forma, então, a assinatura visual da marca.

Compreender a aplicação prática de marca e de identidade visual sob as perspectivas do *branding* no planejamento estratégico de *marketing* de uma organização é fundamental para cumprir os objetivos comerciais. Nesse contexto, é importante lembrar que o foco sempre será atender, da melhor forma possível, às necessidades do consumidor, realizando um diálogo coerente e estabelecendo um vínculo emocional entre as partes.

Cada conceito, método e estratégia aqui apresentados tem a intenção de instruí-lo no desenvolvimento de competências de gestão em *marketing*. Contudo, todos eles podem ser utilizados em outras diversas áreas.

O estudo sobre esse assunto deve ser contínuo, considerando que as transformações digitais trazem consigo muitas novidades e *cases* de sucesso no desenvolvimento de marcas. Acompanhar essa evolução o tornará um profissional sempre atualizado e competente.

SÍNTESE

Neste capítulo, abordamos a teoria da percepção dos consumidores e sua importância na aplicação efetiva da propaganda e do *marketing*. Em seguida, discutimos as etapas do desenvolvimento de uma marca. Por fim, concluímos com o estudo da identidade visual e do *design* da marca. O objetivo foi contribuir para o desenvolvimento de estratégias ainda mais assertivas para que você atinja seu público-alvo e destaque-se no mercado.

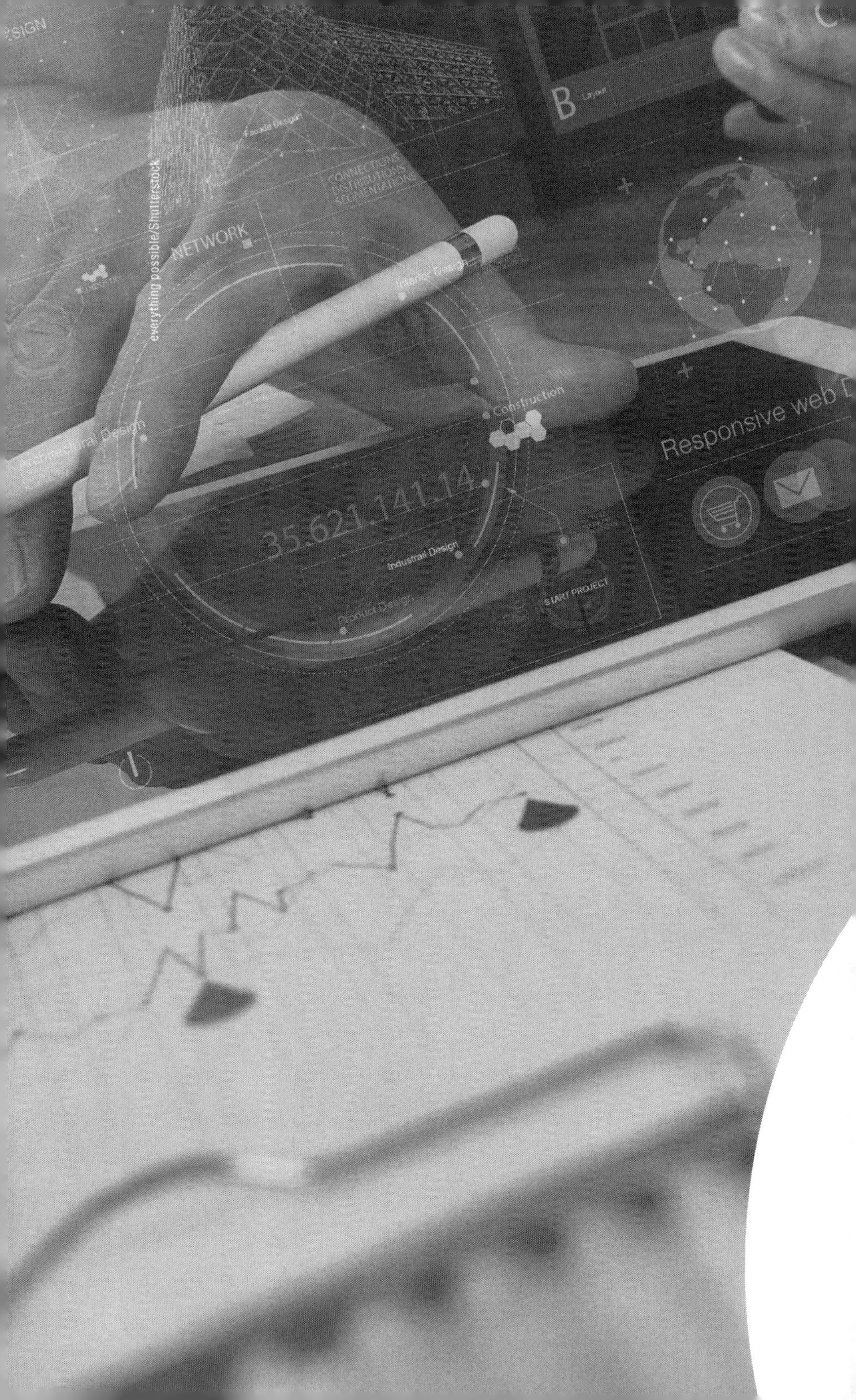

everything possible/Shutterstock

Capítulo 4

BRAND EQUITY

O processo de gestão das marcas também envolve o conhecimento e a aplicação das técnicas do *brand equity* (BE). Um assunto que ainda é novidade no Brasil, mas que detém uma importância cada vez maior para as corporações que almejam entender como suas marcas estão – ou como elas deveriam estar – arranjadas em relação ao mercado.

Nos Estados Unidos, na década de 1980, iniciaram-se os primeiros estudos envolvendo as funcionalidades do BE, que, incentivados pelos processos de fusão e aquisição de empresas, começaram a exigir novos enfoques financeiros, buscando agregar valor às organizações. No entanto, somente na década de 1990, houve uma crescente evidência no estudo do BE levando em conta o comportamento do consumidor com a utilização de dados secundários, pesquisas específicas ou ciclos de contato.

Atualmente, as empresas brasileiras têm explorado a relação entre as ferramentas baseadas em BE e o *marketing* de relacionamento (*relationship marketing*).

Brand equity pode ser entendido como um conjunto de associações e comportamentos por parte dos consumidores de uma marca, canais de vendas e corporação produtora que permitem ao produto conseguir maior volume ou maiores lucros que ele conseguiria sem a marca.

Outra forma de definir BE é considerá-lo como o conjunto de ativos e obrigações ligados à marca, ao nome e ao logotipo; aquilo que acrescenta ou subtrai valor a um produto ou serviço para a empresa e seus clientes.

O BE é, ainda, um valor agregado ao produto pela marca, ou um valor associado a um produto pelas associações e percepções dos consumidores sobre determinada marca, ou um valor inerente a uma marca bem conhecida, que contribui para a aceitação de novos produtos, alocação de espaço em prateleira, valor percebido e qualidade percebida.

Brand equity são fluxos de caixa incrementais atribuídos a produtos com marca, com relação aos fluxos de caixa que resultariam da venda de produtos sem marca e um incremento na utilidade percebida e no nível de atratividade que uma marca confere a um produto. De acordo com Martins (2006, p. 188),

> BE é tudo aquilo que uma marca possui, de tangível e intangível, e que contribui para o crescimento sustentado dos seus lucros. É a somatória dos valores e atributos das marcas, que devem se transformar em lucros para os seus proprietários e acionistas.

Assim como acontece com a palavra *marketing*, não existe tradução para termo *brand equity* em língua portuguesa. No entanto, não é possível defini-lo sem compreender o verdadeiro sentido de cada marca para seus gestores. Portanto, tudo o que o BE concebe de alguma forma já está unificado ao dia a dia das organizações há muitos anos. Independentemente do tamanho ou do capital de uma empresa, todas elas têm – ou deveriam ter – o mínimo de orientação para o mercado em que atuam, de forma a realizar:

- pesquisas de satisfação e segmentação de consumidores;
- reconhecimento e medição dos níveis de elasticidade de preços;
- memorização de marca e publicidade;
- outros procedimentos relacionados ao posicionamento de suas marcas em relação às concorrentes do mesmo segmento.

Ademais, as organizações de natureza mercadológica sempre buscam compreender o alcance de suas ações de produção, *marketing*, comunicação, distribuição e vendas na produção de lucro.

As funcionalidades do BE proporcionam uma coordenação sistemática e atualizada de procedimentos clássicos de avaliação e medição da marca, versada como ferramenta de geração de valor das organizações, porém com o uso de instrumentos mais aprimorados de pesquisa, métodos mais elaborados e sistemas de informação voltados para a filosofia do *branding*.

A utilização do BE está focada no crescimento da valorização dos ativos intangíveis para a organização, embora realize atividades já conhecidas e praticadas pelas ferramentas do *marketing* e das finanças.

Nesse contexto, a nova ordem econômica considera que o valor de uma empresa é formado pela soma de suas qualidades materiais e imateriais, sendo elas tangíveis e intangíveis. De forma que surge a necessidade de constituir métricas adequadas para uma gestão inteligente dos investimentos de *marketing*.

Dessa forma, só é possível contabilizar o verdadeiro valor de uma organização se for considerado o valor de seus ativos intangíveis. São exemplos de ativos intangíveis:

- marca;
- patentes;
- recursos humanos;
- sistemas de informação;
- carteira de clientes.

Para isso, neste capítulo, vamos estudar sobre algumas variáveis intangíveis relacionadas à gestão de marcas, como a memória dos consumidores, reconhecimento da marca, imagem, atributos da marca, bem como seus benefícios, atitudes e resistência das marcas.

4.1 Memória dos consumidores

Martins (2006) defende que a base do *brand equity* é a memória do consumidor, o que significa que, se uma marca que não é lembrada, ela não venderá. Muito dos estudos provenientes da psicologia cognitiva são voltados para a estrutura e o processo da memória, envolvendo modelos de associação. Um modelo aceitável de associação admite que a memória seja composta por um conjunto de pontos e elos. Os **pontos** são conhecimentos armazenados, conectados por **elos** de forças variáveis.

Assim, quando um consumidor pensa em determinado produto ou reconhece algum problema, por exemplo, a necessidade de fazer um seguro saúde para realização de viagens internacionais, um processo de reação em cadeia conecta ponto a ponto, originando o alcance do reconhecimento da situação e as melhores alternativas para resolvê-lo. Ao ficar doente durante uma viagem, a pessoa vai codificar a informação em um ponto da memória, que, por sua vez, ativará outros pontos, como o pagamento em dia do seguro, o endereço do hospital, a qualidade da seguradora, a agência ou o profissional que ofereceu o serviço, a última propaganda relacionada que viu, o médico que o atendeu e assim por diante. O fator que decide quantos e quais pontos são disparados é a força das associações entre os pontos.

Quando a pessoa precisar de um novo seguro, os pontos formarão elos com uma informação específica sobre preços, experiências anteriores com a marca, incluindo características de qualidade, entrega, preços, *design*, prestígio, entre outros.

Outros autores ainda apontam que o BE é relacionado ao conhecimento de marca, sendo aplicável ao processo dos pontos e elos. Uma das formas mais relevantes diz que essa ferramenta representa uma condição, ou seja, a marca representa algo familiar ao consumidor, sobre a qual guarda associações favoráveis, únicas e fortes.

Dessa forma, tudo aquilo que o consumidor conhece, sabe ou ouviu falar sobre uma marca é resultado de uma estratégia de *branding*. Assim, há a necessidade de conhecimento profundo sobre o perfil do consumidor, e não apenas a utilização de dados estatísticos.

Ainda em referência ao modelo de associações, o conhecimento da marca envolve dois principais elementos: reconhecimento de marca e imagem de marca. A missão inicial de todo gestor de marcas é a criação ou a melhora no processo de reconhecimento da marca, aperfeiçoando uma base consistente de elementos que arranjem associações positivas à marca. Assim é composto o posicionamento e a comunicação das marcas, elementos que formarão o BE.

Entretanto, uma marca só alcançará altos níveis de reconhecimento se tiver um posicionamento composto por quatro elementos principais: (1) diferenciação; (2) legitimidade; (3) aparência bem estabelecida; (4) comunicação.

Trata-se de condições que exigem produtos e serviços alinhados com as necessidades e as exigências de seu público-alvo. O gerenciamento apropriado desses atributos contribuirá para o desenvolvimento adequado de reconhecimento junto aos consumidores, de forma que as ações de criação formarão a imagem da marca na memória do consumidor. Então, cabe ao BE verificar o progresso desse reconhecimento, além das questões básicas do *branding* e do *marketing*.

4.2 Reconhecimento de marca

De que marca você lembra quando pensa em comprar um sabão em pó? Provavelmente a Omo. E quando deseja comprar uma goma de mascar? Chiclete, não é?! Pois saiba que isso acontece porque essas marcas são reconhecidas!

Martins (2006) defende que, de acordo com a facilidade do consumidor em memorizar uma marca, podem existir diversos **níveis** de reconhecimento de marca, que se revelam por meio de:

- exposição por propagandas;
- boca a boca;
- ações promocionais.

No entanto, ações que ativam a lembrança da marca com algum tipo de gratificação alcançam um baixo nível de reconhecimento de marca, situação denominada como *aided recall*, em português "*lembrança assistida*", fato que é insignificante na escolha do consumidor, pois ele se torna incapaz de formar uma imagem adequada da marca sem que haja um fator atraente sobre ela, como uma espécie de prêmio.

Nessa situação, para que o produto ofertado pela marca seja comprado, ela precisa estar posicionada no varejo e conhecida como uma possibilidade atrativa de compra, senão o processo de compra acontece apenas quando o consumidor visualiza a marca. Por exemplo, pense na seguinte situação: O que acontece quando você vai ao *shopping* na busca de um produto sem marca específica? Acaba efetuando sua compra por meio de um critério definido pelo momento, como promoção, preço, imagem, entre outros. Segundo Martins (2006), cerca de 40% a 70% das decisões de compra advêm do ponto de venda, o que comprova que reconhecimento de uma marca no local da compra pode representar um ponto positivo para muitas empresas, principalmente para aquelas que têm imagem centradas nas vendas e nos canais de distribuição, e não nas ações de *marketing*.

O paradoxo dessa situação é que o consumidor não precisa necessariamente se lembrar de uma marca para comprá-la, podendo fazê-lo apenas nos momentos em que ela seja vista no ponto de venda, fator que privilegia a distribuição como elemento representativo do BE dessas marcas. Mais uma vez, isso não é sinal de fraqueza ou força, já que tudo depende da relação de custos da marca e da maneira como ela é percebida pelo consumidor. (Martins, 2006, p. 193)

Por outro lado, ainda há a possibilidade de atrair os consumidores com pequenas ações de apoio à venda, como oferta de preços baixos, promoções atrativas e brindes, de forma a alcançar o reconhecimento da marca. Nos estudos sobre o comportamento do consumidor, uma marca que desenvolve a capacidade de formar elos e se associa fortemente a determinada situação ou necessidade, agrega oportunidades de consumo a longo prazo, pois adquire espaço no portfólio da memória do consumidor daquele mercado.

Portanto, os fatores críticos de sucesso para determinados produtos ou serviços são as lembranças e a associação da marca que os representa, sendo satisfatórias para originar vendas e atingir altos níveis de BE, o que reflete na valorização da marca.

Essa situação pode ser compreendida no momento que um cliente precisa decidir-se de forma rápida sobre uma compra, por dois motivos:

- pouca dedicação e atenção à análise do produto ou serviço;
- os conhecimentos já disponíveis em seus "elos" são suficientes para reafirmar a escolha de consumo.

Excluem-se os casos de grande desequilíbrio no ponto de venda, como elevados preços ou poucas opções de marcas, além dos aspectos regionais e do poder aquisitivo do consumidor.

Para a maioria das empresas, quebrar a supremacia das marcas fortemente associadas na mente dos consumidores é uma ação bastante trabalhosa, cara e difícil se não forem exploradas de maneira inteligente as estratégicas de *branding* e a correta aplicabilidade do BE.

Um procedimento ainda mais proeminente é a coleta de dados sobre o perfil dos consumidores das marcas concorrentes, com o objetivo de descobrir suas reações, necessidades não correspondidas ou falhas nos sistemas de atendimento e comunicação, entre outras.

O importante é que uma marca reconhecida sempre terá vantagens sobre as outras, consequentemente, constituirá uma renda absurdamente maior do que as marcas que não são lembradas. Por isso, faça sempre esse estudo para planejar estratégias de reconhecimento dentro de seu mercado de atuação.

4.3 Imagem e atributos da marca

Após uma marca alcançar o reconhecimento desejado, os gestores devem difundir um conjunto de associações positivas de marca em seu mercado, de forma a estabelecer e definir critérios de uma imagem positiva.

Para formar as bases de uma imagem de marca, é necessário estabelecer um projeto de posicionamento bem estruturado, tornando-a única, durável, altamente resistente à concorrência e rompendo os paradigmas da categoria.

Nesse sentido, sob a perspectiva do *marketing* e das técnicas de gestão de *branding*, a construção de associações apresenta três categorias: atributos, benefícios e atitudes.

Atributos

Esse elemento é relacionado à *performance* de um produto ou serviço e classifica-se em: atributos relacionados ao produto e atributos não relacionados ao produto.

- Atributos relacionados ao produto são associados ao acabamento físico de um bem, podendo variar conforme sua categoria. Veja um exemplo na Figura 4.1, em que as características apresentadas são os atributos relacionados ao modelo do iPhone.

Figura 4.1 – **Atributos relacionados ao produto**

iPhone 12 Pro	iPhone 12	iPhone 11	iPhone SE
Tela Super Retina XDR de 6,1 pol. ou 6,7 pol.[1]	Tela Super Retina XDR de 5,4 pol. ou 6,1 pol.[1]	Tela Liquid Retina HD de 6,1 pol.[1]	Tela Retina HD de 4,7 pol.
5G[2]	5G[2]	Rede celular 4G LTE[2]	Rede celular 4G LTE[2]
Chip A14 Bionic	Chip A14 Bionic	Chip A13 Bionic	Chip A13 Bionic
Sistema de câmera Pro (ultra-angular, grande-angular e teleobjetiva)	Sistema avançado de câmera dupla (ultra-angular e grande-angular)	Sistema de câmera dupla (ultra-angular e grande-angular)	Sistema de câmera única (grande-angular)
Scanner LiDAR para retratos com modo Noite e realidade aumentada ainda melhor	—	—	—
Compatível com acessórios MagSafe	Compatível com acessórios MagSafe	—	—

Fonte: Apple, 2021.

- Os atributos não relacionados ao produto abrangem, por exemplo, as informações visuais da embalagem, benefícios emocionais, características dos consumidores ou situações de uso.

Assim, os consumidores avaliam os atributos de uma vasta possibilidade de mercadorias, comparando as alternativas existentes entre cada uma delas.

Independentemente da quantidade de experiências de consumo em determinados mercados, o importante é lembrar que as pessoas não precisam de muito tempo para comparar opções, diferenciar ou destacar marcas, valorizar produtos e comprar atributos. Isso porque, em média, as decisões de compra duram 3/4 de segundo para ser tomadas em um ponto de venda. Por esse motivo, mesmo que os atributos não relacionados tenham pouca relevância com o produto, eles servem como vestígio importante para formar associações, como nos exemplos a seguir.

Embalagens que não são jogadas no lixo
Nosso subconsciente associa uma embalagem bastante ilustrada e muito informativa com o fato de que nela haverá informações importantes ou instruções de uso, por isso, dedicam-se a estudá-la, algo que normalmente não aconteceria com embalagens que não têm um acabamento atrativo ou funcional.

Qualidade x Preço
É comum associar o preço à qualidade do produto ou serviço prestado. O consumidor costuma agrupar determinados produtos de acordo com o preço que custam, podendo valorizá-los ou desejá-los em função disso. No entanto, o efeito também pode ser o oposto- quando um possível cliente rejeita um serviço em razão de um preço fora da média de mercado, tanto muito barato quanto muito caro.

No geral, as embalagens não afetam diretamente o processo de compra, mas servem como vestígios importantes para formação de opinião sobre a marca, a qualidade ou a procedência de determinado bem de consumo. A lógica leva o consumidor a interpretar que os produtos de qualidade são normalmente vendidos em embalagens de qualidade, mesmo que racionalmente saibamos que não é bem assim. Todavia, é dessa forma que os atributos não relacionados formam as percepções pessoais de cada consumidor, bem como o modo com que efetuam suas compras, e o posicionamento de cada marca é influenciado por propagandas, opiniões de terceiros ou pela experiência de uso.

De qualquer forma, o melhor acabamento do que vemos no momento da compra oferece ao consumidor maior possibilidade de esse produto ou essa marca ser novamente consumido. Se a promessa de qualidade tornar-se uma experiência positiva de consumo, praticaremos mais um dos truques do *branding*.

Benefícios

Os benefícios são as necessidades a que os atributos pautados ao produto atendem, apresentados de modo bastante específico, concebendo aquilo que o mercado deseja. De acordo com Martins (2006), os benefícios podem ser classificados como funcionais, experimentais ou simbólicos.

- **Benefícios funcionais:** são aqueles que se limitam aos elementos intrínsecos do produto, sendo relacionados às necessidades de baixa importância. Por exemplo, para algumas pessoas, um carro de milhões de reais não será muito diferente de outro carro de menor valor, desde que ambos possam atender à mesma necessidade básica de ir e vir. Portanto, se o preço for o fator determinante da compra, qualquer uma das duas possibilidades pode atender ao cliente.
- **Benefícios experimentais:** também estão relacionados aos funcionais, porém acompanhados de um maior grau de importância, pois dizem respeito aos estímulos e às sensações de

prazer. Por exemplo, ainda com relação ao mercado automobilístico, a compra de um carro pode ser influenciada pelo fato de o consumidor já ter vivido uma experiência de conforto em um modelo anterior da mesma marca.

- **Benefícios simbólicos:** estão relacionados à consideração individual de cada consumidor, tendo elevado grau de importância, como a posição social ou a necessidade de reafirmar sua autoestima. Um possível cliente pode valorizar as características de durabilidade ou simplicidade de um bem. Por outro lado, pode considerar os fatores de exclusividade e de prestígio proporcionados. Voltando aos exemplos de venda de carro, esses benefícios podem ser muito importantes na decisão de compra, de forma que o consumidor reconheça que se sentirá mais valorizado em seu meio social se consumir determinada marca, que tenha *design* inovador ou prestígio social.

Atitudes de marca

A atitude que os consumidores atribuem às marcas é a última e mais importante forma de associação. Elas são vistas como um modelo, de forma que a soma das crenças mais notáveis que os clientes têm sobre um bem é multiplicada pela força da avaliação de cada uma dessas crenças, sendo positiva ou negativa, como na Figura 4.2. Um fato importante desse modelo é que muitas avaliações positivas são superadas por poucas avaliações negativas.

Figura 4.2 – **Modelo de atitudes de marca**

| Crenças | **+** | Crenças | **✕** | Força da avaliação |

Por exemplo, se um consumidor julga um refrigerante dietético como bom, ou seja, de forma positiva, porque considera que ele tem um sabor agradável e apresenta baixas calorias, essa avaliação prolongará seu consumo. Por outro lado, se o consumidor julgar que todos os refrigerantes engordam, independentemente do tipo, ou que o adoçante faz mal à saúde, eles serão considerados como ruins, ao ponto de sua avaliação ser negativa, fazendo com que o produto não seja mais consumido.

> Essa situação ocorre tanto nos casos de produtos com atributos relacionados quanto nos não relacionados. Por esse motivo, as marcas precisam estar sempre preparadas para gerenciar esse nível de risco.

Nesse contexto, você precisa compreender que as boas associações de marca variam de acordo com seis enfoques: (1) avaliações positivas; (2) força; (3) aspectos de exclusividade; (4) posicionamento; (5) comunicação; e (6) gestão de ameaças.

Diante do fato de os avanços tecnológicos terem encurtado bastante os ciclos de inovação, equiparando a competência de pesquisa e o desenvolvimento entre a maioria das empresas, muitas pessoas não vão considerar a comunicação emocional dessas marcas na decisão de compra, principalmente se a compreensão que têm dos atributos técnicos ou funcionais for desenvolvida.

Assim, de uma forma geral, um volume abundante dos recursos de *marketing* dessas marcas pode ser economizado ou redirecionado para o progresso dos serviços, para a reeducação dos possíveis consumidores frente aos novos padrões, para os projetos de responsabilidade social, entre outros. Não é preciso ir muito longe para ver a influência do preço na decisão de compra.

As situações de compra proporcionam lições sobre a maneira como os consumidores entendem ou avaliam suas próprias associações. Em ocasiões de pressa ou urgência, eles podem apreciar a praticidade ou a velocidade do serviço como algo muito mais importante do que a qualidade. Em outros casos, podem estar muito mais preocupados com o preço do que com a relação custo × benefício ou com um atendimento personalizado.

Martins (2006, p. 200) destaca:

a força dos trabalhos de criação de associações pode ser medida pela quantidade e qualidade do processo cognitivo que os consumidores dedicam à informação. Quanto mais elaborado for o processo, mais os consumidores estarão dispostos a valorizá-lo. Quando certos comerciais induzem os consumidores a conhecerem os benefícios de um produto ou serviço, por exemplo, através das promoções, 0800 ou amostras grátis, eles se colocam no mesmo nível dos comerciais que não oferecem nada, já que exigem algum esforço dos consumidores, muitas vezes quando eles não têm tempo ou motivação adequada para isso.

Quando não há uma ação adequada na criação das associações, o curso de vendas fica bastante prejudicado, principalmente em mercados de grande número de concorrentes eficientes no segmento. Para o público-alvo, é uma atividade muito complexa diferenciar um conjugado único de associações, já que é comum entre as empresas ineficientes a prática de plágio, isto é, copiar a comunicação das marcas bem posicionadas. Dessa forma, algumas empresas esperam que seus consumidores invistam uma parte de seu tempo para comparar marcas diferentes em busca de alguma consistência ou diferenciação verdadeira.

Por fim, é importante as marcas constituírem um enfoque individualizado na criação de associações relevantes e estáveis, já que elas são dependentes de valores pessoais e de atitudes diretamente relacionadas aos processos individuais de consumo. Assim, recomendamos que os gestores de marcas estudem cada vez mais sobre o processo de compra de seu público, e não apenas sobre o comportamento de compra.

Nessa perspectiva, não há um meio mais eficiente para adequar produção e entrega às necessidades do mercado do que o posicionamento de marca.

Os elementos de identidades da marca são utilizados para identificá-la e diferenciá-la, possibilitando a criação de *brand equity*. Os principais são: nome, logo, símbolo, *slogans* e embalagens. Independentemente da forma como os produtos são vendidos ou os serviços são prestados, esses elementos devem ser gerenciados, agregando reconhecimento de marca e facilitando o processo de formação de associações favoráveis. Para verificar a capacidade de construção dos elementos da marca, investigue o que as pessoas pensariam sobre um produto que apresentasse apenas o nome da marca, sua embalagem ou outras distinções externas. Esse tipo de questão é bastante comum nas aplicações práticas de medição do BE.

4.4 Resistência das marcas

Com o surgimento de novas tendências visuais, as grandes empresas modificam suas marcas de tempos em tempos, redefinindo formas, cores e *layouts*. A empresa entende que, com o tempo, sua marca é visualmente obsoleta. Algumas marcas redesenham sua identidade para alterar as características gerais da proposta original. Quando olhamos para o logotipo da Apple de 1976, por exemplo, vemos que o logotipo atual é completamente diferente do *design* inicial.

As empresas do final do século XIX utilizavam mais funções manuais na elaboração do *design* de suas logos, e as marcas com uma história de mais de cem anos apresentam essa característica em seus conceito original. Contudo, com o passar do tempo, as marcas buscaram atualizar-se de acordo com o conceito de cada época.

A cada ano, o que os profissionais de comunicação esperam é aplicar essas novas tendências de *design* em suas ações publicitárias. Essas tendências determinam o mercado visual. Com o tempo, para não se tornarem obsoletas, as marcas precisam adaptar-se a essas mudanças que alteram os padrões visuais.

As empresas com maior interatividade no mercado digital devem acompanhar de perto tais mudanças. O desenvolvimento contínuo de dispositivos eletrônicos e as mudanças nas proporções e resoluções de tela exigem que as marcas se adaptem a esses novos formatos.

Nesse contexto, a alta capacidade de resistência à adversidade é uma das principais vantagens das marcas com bons níveis de *brand equity*. Considerando os erros de gestão, a grande concorrência, os problemas da comunicação, as pressões do varejo e uma gama de dificuldades operacionais e industriais, as marcas de qualquer parte do mundo também vivem em um ambiente econômico complexo, que insiste em testar a criatividade e o jogo de cintura das empresas. No Brasil, não poderia ser diferente. Nesse sentido, é importante ressaltar que, apesar do grande esforço, nenhuma marca é imortal, porém existem boas marcas que estão aí e são extremamente resistentes. Gerar marcas, assim como sustentar a própria organização, não é uma tarefa fácil. Em um país que já passou por guerras, recessões, novas moedas, planos econômicos, golpes de estado, calamidades públicas, atentados terroristas, nenhum baque parece ser suficiente para acabar com uma marca bem posicionada na cabeça dos consumidores quando sustentada pelas estratégias inteligentes e bem planejadas de seus proprietários.

Para uma melhor compreensão, apresentamos dois estudos para comprovar a capacidade de resistência das marcas. Uma pesquisa brasileira, realizada pela Gazeta Mercantil, e outra no âmbito internacional, realizada por uma consultoria estadunidense, que mensurou a contribuição das ferramentas de *marketing* e gestão de marcas durante a recessão dos anos 1989 até 1993, nos Estados Unidos. As pesquisas abordaram os fatores críticos de sucesso identificados para a obtenção de vantagem competitiva durante uma recessão. Vejamos:

- Consideração pela direção da corporação das dificuldades operacionais e atuação direta sobre os fatores encontrados.
- Construção de marcas corporativas, comprovando que, em ambientes recessivos, a ênfase dos esforços de *marketing* deve deslocar-se do produto para a empresa. O processo de construção de marcas é identificado como fator de sucesso.

- Enfoque nos valores essenciais.
- Investimentos em *marketing* e participação de mercado.
- Um ponto que destaca algo que parece óbvio, pois a empresa que para de investir em sua visibilidade pode ser "esquecida" pelo consumidor.
- Uso eficiente da mídia digitais.
- *Marketing* de base. Uma das questões mais críticas na gestão de marcas é o acréscimo da base de consumidores pela mesma marca ou produto.
- *Marketing* de relacionamento. A utilização de bancos de dados para apoio ao *marketing*.
- Relacionamento positivo com a agência de propaganda. Uma relação sólida entre as partes inibe os riscos encontrados ao longo do tempo e pode obter como consequência o sucesso da marca.
- Patrocínio cultural. Ações de patrocínio cultural são particularmente eficazes na construção de um relacionamento mais longo e estável com os consumidores.
- Amostras grátis. Um excelente meio para alcançar consumidores.
- Ataque direto às marcas próprias.
- Inovação e criatividade.
- Controle da distribuição.
- Preço.

A manutenção da diferenciação de preço das marcas líderes necessita ser justificada constantemente ao consumidor. Esse fenômeno ocorre com intensidade no Brasil, onde houve expressivos avanços de novas marcas sobre as líderes em diversos segmentos de produtos ou serviços. Por exemplo, a líder no segmento de refrigerantes Coca-Cola, em determinado momento, precisou baixar seus preços para combater a marca brasileira Tubaína. Por outro lado, a Nova Schin aplicou uma estratégia de reposicionamento e ampliação da participação de mercado, precisamente na época de consolidação da AmBev, que precisou reduzir seus preços e aumentar os custos de distribuição.

Por fim, o conceito de *brand equity* tornou-se a pauta de vários estudos com aproveitamentos diferentes, conforme as necessidades e as peculiaridades de cada marca ou mercado. Diante desse cenário, as grandes empresas necessitam compreender que BE se refere ao valor intangível que uma marca agrega a um produto, como decorrência qualitativa e quantitativa de tudo o que é necessário para uma marca ser consumida e valorizada por meio de seus canais de venda e de comunicação.

O BE constitui-se como uma ferramenta importante na vida dessas organizações, principalmente pelo prestígio do valor dos ativos intangíveis nos processos de fusão e aquisição entre as empresas, de forma que foi possível verificar que as organizações detentoras de marcas reconhecidas e valorizadas tiveram uma remuneração superior. Além disso, nesse período também cresceu a pressão sobre as atividades estratégicas do *marketing*, para maximizar sua produtividade.

A abordagem é relevante, pois possibilita aumentar as chances de escolha da marca pelo nicho do mercado, em especial nas ocasiões em que os consumidores têm pouco tempo para efetuar uma compra, e há uma fartura de marcas com possibilidades iguais de suscitar associações positivas, possivelmente com custos menores.

Uma imagem positiva gerenciada pela marca:

- dá suporte à permanência da marca no mercado;
- permite a diferenciação da marca;
- eleva a importância da marca no segmento; e
- valoriza a capacidade das corporações em gerar riqueza.

A literatura a respeito do *brand equity* indica vários níveis de ações, de forma que muitas organizações direcionam seus ativos para as perspectivas financeiras do BE, notadamente mais importantes no valor agregado aos processos de fusões e aquisições, ou mesmo em ações contábeis de reavaliações de ativos. A outra parte mantém o foco no desenvolvimento dos produtos, inovando constantemente sua oferta, como a marca alimentícia Vigor. Nos últimos anos, a empresa desenvolveu diversos produtos em seu mercado, porém com perspectivas diferentes, como a linha *light*, a linha Grego, a linha infantil, entre outras.

Várias empresas ocupam-se do estudo dos efeitos do comportamento do consumidor sobre a *performance* de suas marcas. Para os profissionais de *marketing*, esses efeitos são o enfoque mais adequado, e, nesse contexto, as atividades do BE incluem mais benefícios do que qualquer outra abordagem, que assegura e alcança os resultados desejáveis.

Para o profissional que já tem esse conhecimento, é possível identificar as marcas que alcançaram bons níveis de *brand equity*, como aquelas que conseguem atingir regularmente altos valores em seus preços finais, levando os consumidores a procurar por elas nos mais diversos canais de venda ou centros de distribuição, o que agrega alto valor no mercado varejista.

O *brand equity* também envolve níveis superiores de reconhecimento, dos quais se destacam a maior eficiência quantitativa dos vigores de comunicação, em todos os níveis.

Martins (2006, p. 211) destaca:

> o *brand equity* significa a comprovação (ou não) da existência de algo legitimamente (ou não) extra, muito bem posicionado na mente dos consumidores, em relação a todas as marcas de uma mesma categoria.

Portanto, os consumidores estão dispostos a pagar mais para adquirir diversos benefícios e atributos associados a tais marcas, tornando-as, a longo prazo, ativos mais estimados para seus donos. A extensão adequada dessa importância pode insinuar o comportamento das empresas, em específico nas ocasiões em que elas estão decidindo economias de escala, como, por exemplo, uma pequena redução na quantidade dos produtos.

Por maiores e melhores que sejam os benefícios, a formação de *brand equity* de uma marca, além de tempo, requer o suporte contínuo de seus gestores, os quais não podem prescindir de uma equipe treinada, motivada e verdadeiramente comprometida com a missão, a visão e os valores de uma marca, os ativos intangíveis mais valiosos.

SÍNTESE

Neste capítulo, analisamos a aplicabilidade do *brand equity*, uma abordagem revolucionária na gestão de marcas e *branding*, bem como seus elementos fundamentais de memória dos consumidores, o reconhecimento da marca, a imagem e os atributos da marca, além da importância da resistência das marcas.

Coloque em prática na sua organização os conhecimentos aqui adquiridos. E utilize este material como guia na execução de seus projetos de gestão de marcas e *marketing*.

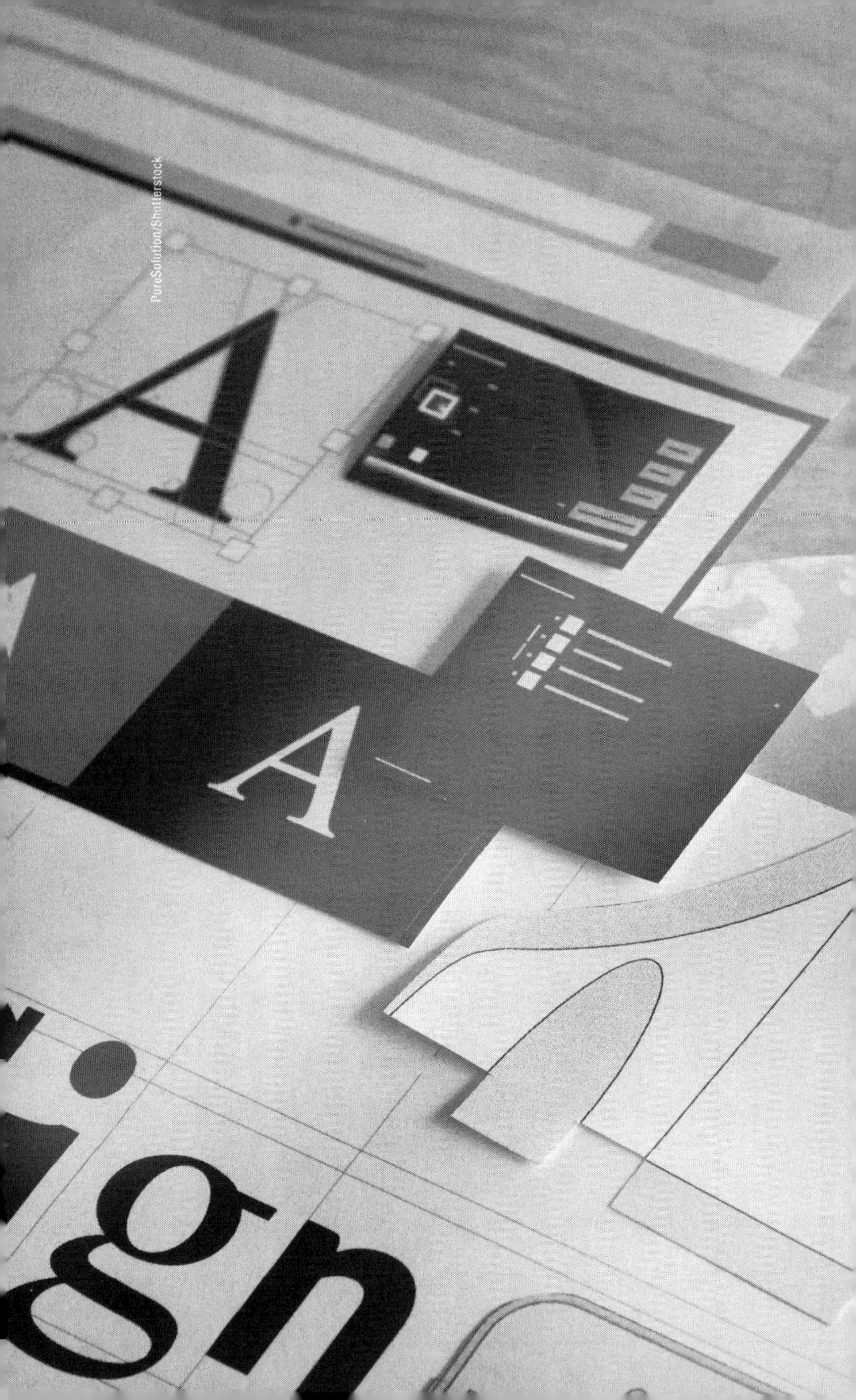
PureSolution/Shutterstock

Capítulo 5

AVALIAÇÃO DAS MARCAS

O valor dos ativos intangíveis já é realidade entre nós, e podemos tirar conclusões com base em fusões e aquisições de empresas que aconteceram nos últimos anos. Após vários anos consecutivos de declínio, os fluxos de investimento direto estrangeiro para a América Latina e o Caribe aumentaram novamente. Esse investimento inclui centenas de transações e aquisições de controles patrimoniais e marcas dos setores público e privado, mesmo em tempos de grave crise econômica. Martins (2006, p. 226) destaca:

Mesmo com a crise na Ásia no final de 1998, a crise cambial e a forte recessão no país no primeiro semestre de 1999, o total de investimento externo direto no Brasil somou 24 bilhões de dólares em 1998, tendo chegado a 25 bilhões em 1999, os quais envolveram a compra, venda ou associação a marcas reconhecidas no mercado nacional.

Outros exemplos internacionais de grande relevância estão no fato de que esses capitais investidos não foram provenientes de tomada de decisões mal planejadas em grandes empresas. Pelo contrário, foram medidas de enfrentamento da concorrência e consolidação da posição global de competitividade, pois essas organizações precisam estar em condições de atuar em setores e mercados com possibilidades reais de consumo.

Além disso, grande parte dos investidores está localizada em países que já alcançaram um nível de consumo crescente desde as últimas décadas. Países como Brasil, Índia e China, que são considerados emergentes, apresentam possibilidade de rápido desenvolvimento de vendas.

Neste capítulo, vamos abordar de forma introdutória um estudo sobre a diferença conceitual entre produto e marca no âmbito do *marketing*. Em seguida, analisaremos o mercado de marcas, bem como a compra e venda de marcas, o valor delas no Brasil, o valor percebido e o preço do intangível, o peso do intangível nas decisões de compras e a contabilidade de marcas. Por fim, examinaremos os princípios de avaliação de marcas.

5.1 Diferença entre produto e marca

Antes de resolver o problema da avaliação da marca, vale comentar a diferença entre produtos e marcas, pois há muitas declarações sobre a relevância e o valor das marcas e sua gestão, mas há poucas razões pelas quais acreditamos nessa importância. A maioria das pessoas simplesmente acredita que uma marca é valiosa, e "entrar na marca" sem entender bem o complexo processo de criação e gerenciamento de uma marca pode minar o impacto real no sucesso junto ao consumidor e no gerenciamento correto de fatores de continuidade. Portanto, para avaliar a marca, é fundamental entender sua estrutura.

Com relação às razões que tornam as marcas cada vez mais importantes, a primeira, e talvez a mais relevante, é a conveniência e a liberdade atuais de acesso à informação e tecnologia de que os consumidores dispõem. Atualmente, no mercado de bens de consumo de massa, uma empresa de médio porte no Rio Grande do Sul fica a poucos quilômetros de São Paulo e tem todas as condições de usufruir da mesma tecnologia dos concorrentes multinacionais.

Além disso, elas também têm ferramentas econômicas e de inteligência para questionar as preferências de consumidores distantes, incluindo pouca ou nenhuma dependência da mídia de massa. Com alguma criatividade, agora é possível questionar a relação entre o tamanho do orçamento de *marketing* e o valor da marca.

Não há mais segredos técnicos e industriais que garantam uma grande diferença entre a empresa e o campo das comunicações. De fato, produtos e serviços estão se tornando cada vez mais semelhantes em termos de funções e benefícios técnicos, o que torna a marca a base da diferenciação de compra.

No entanto, é necessário deixar de lado a simples ideia do logotipo (ou etiqueta) para entender a marca como um sistema complexo composto por múltiplas camadas e considerá-la um órgão importante pelo seu valor agregado. Para se comunicar bem, a empresa não precisa de muitos recursos materiais.

Um *site* bem estruturado, por exemplo, pode gerar uma receita de vendas enorme, que pode ser muito maior do que a publicidade na TV. Mesmo na categoria em que a tecnologia sempre foi considerada uma enorme diferença, os compromissos estão cada vez menos diretamente relacionados às diferenças tecnológicas.

Antes de comemorar os benefícios, devemos lembrar que uma grande quantidade de informações exige que os consumidores gastem mais tempo, o que pode trazer riscos e influenciar as decisões de compra. Estamos cada vez mais envolvidos em uma variedade de atividades, obrigações e mudanças, por isso, pouco tempo é dedicado à seleção e à compra de produtos e serviços. Essas coisas são importantes, mas muito menos do que o tempo que podemos gastar com lazer, família, amigos, cultura e esportes. Portanto, o processo de tomada de decisão e o tempo de compra tendem a ser mais curtos, mais sensíveis e cada vez mais relacionados aos interesses urgentes da satisfação emocional do consumidor.

Quando vamos a um supermercado ou *shopping center*, percebemos, em uma breve análise, considerando os últimos dez anos, que existem mais opções de produtos, e o estranho é que não há um grande número de produtos antigos desaparecendo. Rádios, *mixers*, TVs e aspiradores coexistem com computadores e telefones celulares. Biscoitos de arroz, feijão, *ketchup*, amido de milho, sucos e especiarias com sabores exóticos, o sabão em pó que pode lavar cada vez mais branco e tantas outras inovações e serviços revelam que, há muito, os supermercados não são somente grandes mercearias.

Considerando que o fornecimento de produtos e serviços semelhantes aumentou e que as diferenças tecnológicas se tornaram uma mercadoria, é natural acreditar que ser uma marca forte e bem posicionada na mente dos consumidores é uma vantagem que deve ser buscada e mantida.

As pessoas avaliam suas marcas favoritas com base em vários critérios, incluindo os poderosos recursos (atributos) dos produtos ou serviços que cobrem. Para alguns consumidores, o sabonete em barra só pode ser usado para tomar banho ou lavar as mãos. Isso demonstra que, independentemente da marca, o produto não altera sua função básica. Em diferentes níveis, alguns de nós valorizam a forma de espuma, o perfume ou o formato do sabonete. Embora esses atributos também não tenham efeito sobre a função principal do sabão, eles podem ser fatores decisivos para o consumo, especialmente quando a decisão de compra é tomada dentro de um período muito curto (geralmente na loja).

Existem poucas oportunidades para testarmos os produtos que compramos nos supermercados. Para as marcas, essa é uma grande oportunidade, pois pode influenciar a tomada de decisões. Sem ignorar a relevância da tecnologia do produto ou das diferenças funcionais, a tendência, na maioria das categorias, é que a imagem da marca seja cada vez mais importante para empresas e consumidores. Em outras palavras, para não ficar cheirando e sentindo todos os produtos de que precisamos, usaremos a marca e seu logotipo gráfico (cor e *design* da embalagem) para decidir o que comprar. Afinal, temos coisas mais importantes a fazer com nosso tempo.

Até agora, vimos que os riscos de acomodar determinadas categorias e marcas parecem estar relacionados à falta de gerenciamento inteligente e consistente de aspectos intangíveis que formaram o conceito de marcas na mente dos consumidores. Se eles não entenderem completamente os sinais enviados pela empresa na marca, suas oportunidades de compra serão limitadas pelo nível de preços implementado pela empresa, portanto, independentemente da escala, a dependência de ficar mais barato se tornará um fator de risco extremo. Rotatividade da empresa ou participação de mercado. Preços baixos são fontes de uma demanda inesgotável.

Quando o produto entra no estágio de extrema concorrência e ciclo de vida maduro, a marca é particularmente valiosa e relevante. É claro que esse também é o momento mais delicado da história da marca. Em muitos casos, não há outra razão para os executivos tomarem decisões precipitadas sem revisar seu posicionamento e os reais motivos que levaram os consumidores a mudar para outros símbolos.

Por exemplo, quando os concorrentes absorvem ou simplesmente copiam vantagens funcionais, isso é evidência desse momento. Quando os consumidores estão acostumados a benefícios funcionais e os consideram fatores relevantes, devem pagar um preço alto por isso, o que vale a pena.

Nesse ponto, ainda podem prevalecer visões simbólicas, especialmente se for possível que a marca se reinvente e acompanhe as mudanças no comportamento do consumidor, marcas como Nike e Gillette fazem isso sistematicamente.

As empresas podem lidar com desafios no gerenciamento de marcas, atualizações tecnológicas ou competitividade pelo caminho do amor ou da dor. A experiência prática constatou que a maioria das empresas só descobre essas obrigações quando é quase impossível detectar e controlar os riscos, as ameaças e as oportunidades de suas marcas. Considerando a relevância das características emocionais na criação e promoção da marca, essa ideia é realizada em torno do tema de que os vários fatores tangíveis e intangíveis por trás do processo de marca ainda não são tão importantes quanto a plasticidade da marca. A marca deve ser apreciada como um **ativo financeiro**.

5.1.1 Mercado de marca

Para muitos, ainda é surpreendente descobrir que o processo de fusões e aquisições no Brasil pode envolver números tão altos. Quanto os investidores estão dispostos a pagar por empresas de marcas brasileiras? Quando os investidores internacionais pagam preços altos por empresas de baixa renda ou entram em crise, eles ficam loucos? Tomemos como exemplo a Varig, que lutava, em 2005, para sobreviver. Embora a dívida atingisse 9 bilhões de reais e o patrimônio líquido fosse negativo em 6 bilhões de reais, ainda atraía o interesse de muitos investidores internacionais.

Quem conhece um pouco sobre a empresa sabe que o drama de Varig não foi resolvido mais cedo em virtude da vaidade e da política. Curiosamente, o problema começou com medidas históricas para reconhecer o valor do capital humano.

O presidente da Varig, Ruben Berta, propôs, em 1945, que todos os colaboradores participassem dos lucros provenientes da receita da companhia, possibilitando a criação de uma fundação para centralizar as ações da empresa, que, na época, foram doadas por seus sócios. O problema se instaurou no decorrer dos anos, de forma que a Fundação Ruben Berta acumulou cerca de 87% do capital empresarial.

Apesar das boas intenções, o conselho diretor jamais imaginaria que suas decisões pudessem prejudicar o destino da empresa, levando-a ao seu fim, fato que poderia ter sido evitado com a venda de suas ações a empresas estrangeiras.

É improvável que a participação da maioria das operações de empresas internacionais no Brasil exceda 5% do faturamento global, o que significa uma excelente oportunidade para criar e fortalecer uma marca que combina perfeitamente com a imagem dos consumidores brasileiros. Embora as marcas internacionais sejam eficazes e atraentes, sempre há oportunidades para produzir marcas locais relevantes, competentes e duradouras.

Veja outros exemplos:

- Indústria de cosméticos Natura;
- Rede de loja de eletromóveis Magazine Luiza;
- Fabricante de bebidas Antarctica;
- Banco Itaú.

Todos que se tornaram proficientes em pesquisa de comportamento do consumidor brasileiro sabem que, em qualquer ambiente econômico totalmente desenvolvido, existe um mercado bem informado, bem desenvolvido e altamente integrado. O principal mandamento do posicionamento de uma marca no mercado é comercializar e financiar produtos e serviços, de forma prática em qualquer ambiente econômico.

Há muito tempo, empresas estrangeiras sabem que não basta fornecer ao mercado brasileiro produtos ou serviços que não estão totalmente equipados com padrões legais de excelência. Até agora, a qualidade não é mais um fator isolado para diferenciação e vantagem competitiva. Ela é um requisito mínimo esperado, independentemente da empresa que produz ou vende.

Fatores como qualidade, preço justo, reputação, entrega de receita, pós-venda e outros tornaram-se requisitos obrigatórios para qualquer empresa que queira competir no mercado brasileiro ou em qualquer lugar do mundo. Essas empresas têm uma pequena chance de sobrevivência a médio e longo prazos. Supondo que tenham recursos suficientes para fornecer os serviços mínimos necessários, como garantir o sucesso junto aos consumidores no menor tempo possível e com o menor nível de investimento adicional? O fato é que os padrões são efetivamente reconhecidos pelas marcas que os distinguem.

Portanto, o objetivo da campanha de fusão ou aquisição é identificar entre os vários padrões existentes disponíveis para venda, os que são menos afetados por riscos ou descontinuidades em razão da falta de capital de investimento ou da falta de orientação sobre a evolução dos consumidores. Além disso, esses padrões devem fornecer um alto nível de valor da marca, o que garantirá uma redução na demanda por investimentos em comunicação e distribuição para atrair e reter consumidores.

Investidores ou indústrias não são mais suficientes para comprar ativos tangíveis isoladamente ou comprar bens de capital padrão. Fábricas, terrenos, equipamentos e qualquer outra coisa que possa ser tocada nada mais são do que meios para determinar ou completar padrões ou informações. Esses produtos podem ser adquiridos aqui ou em qualquer outro país, e o preço será definitivamente menor do que sua capacidade.

Há uma onda de consumidores no mercado que estão dispostos a reconhecer e a pagar por benefícios reais, e não simplesmente pelo preço dos produtos. Contudo, se isso fosse o principal atrativo dessas marcas, a China não teria se consolidado como a maior economia do mundo.

Compra e venda de marcas

Inúmeras marcas brasileiras, sinais de padrões bem-sucedidos, foram o alvo explícito de centenas de processos de fusões e aquisições. Foram tantas as aquisições que fica difícil selecionar alguns casos. Martins (2006, p. 230) destaca alguns exemplos:

A Philip Morris, através da Kraft Suchard Brasil, comprou a Lacta pela força das marcas Diamante Negro e Sonho de Valsa, dentre outras. A Nabisco comprou a Cia. de Produtos Pilar, líder em biscoitos no norte e nordeste. A Anheuser-Busch não tentou impor o padrão Budweiser no Brasil, sem antes passar por uma joint-venture com a Antarctica, padrão nacional reconhecido quando se pensa em cerveja. O Banco Santander achou melhor estabelecer sua base brasileira através da aquisição dos bancos Noroeste e Banespa, pelo qual, inclusive, pagou mais de sete bilhões de reais em 2000, quando a segunda melhor oferta foi de aproximadamente dois bilhões de reais, feita pelo Banco Itaú, para o qual o conjunto de ativos intangíveis do Banespa agregaria bem menos valor que para o Santander, cuja marca nada significava para os brasileiros. A Santista Alimentos, através da Plus Vita, que sabe fazer pão de fôrma como nenhuma outra, comprou todos os ativos da Pão Pullman, naturalmente incluindo a marca. O grupo francês SEB levou a Arno, e assim com dezenas de outros casos, isso sem falar nos investimentos internacionais na compra de participações em times de futebol, bancos, laboratórios, varejo e outros. Mesmo o setor da educação tem atraído interessados. Em dezembro de 2005 o grupo norte-americano Laureate pagou sessenta e nove milhões de dólares para comprar 51% do capital da Universidade Anhembi Morumbi.

Em qualquer campo a ser analisado, encontraremos as histórias de várias marcas brasileiras cujo valor de vendas ou transferência parcial de patrimônio é o objetivo da análise e dos negócios, e seu valor excede em muito os ativos materiais dessas empresas, os chamados *ativos tangíveis*.

Ainda que muitos creditem o interesse e os valores envolvidos a outros fatores, como canais de distribuição, plantas estrategicamente posicionadas ou singelas contas de participação de mercado, é bem pouco provável que a análise criteriosa dos valores negociados não indique níveis relevantes sobre preço, normalmente atribuídos ao reconhecimento de certas marcas junto aos consumidores brasileiros, equipes treinadas, vantagens de distribuição e outros valores imateriais fundamentais.

Mas, afinal, como determinar os parâmetros que levam uma marca de logotipo a representar os critérios de aceitação do consumidor? Que etapas adicionais podem orientar o serviço de avaliação da marca e revelar seu valor em dinheiro?

Essas questões devem orientar seu pensamento crítico a respeito desse assunto, fazendo com que, com os conhecimentos adquiridos, seja possível planejar e desenvolver a avaliação de marcas de forma adequada.

Valor de marca no Brasil

Desde o estabelecimento do governo Collor, com a abertura da economia e o subsequente aumento de fusões e aquisições, o valor dos ativos intangíveis (especialmente marcas) tornou-se uma parte importante do processo de avaliação da empresa e uma condição necessária para as decisões de investimento.

Nessa época, surgiram vários exemplos de processos de aquisição em que os maiores ativos eram inquestionavelmente algumas das marcas mais conhecidas e valorizadas pelos consumidores em seus respectivos segmentos.

Outros fatores são a consolidação do setor varejista brasileiro e o aumento do poder de compra das categorias C e D no final da década de 1990, destacando outro fator crítico para o cenário brasileiro: o mercado doméstico. Geralmente, acredita-se que quase nenhum mercado no mundo tenha o mesmo potencial de crescimento do

Brasil, um país que também tem parques industriais e indústrias de serviços diversificados e competitivos.

No entanto, para entrar rapidamente em nosso mercado, precisamos garantir a conquista do público brasileiro. Obviamente, essa conquista envolve a necessidade de mesclar marcas existentes ou investir pesadamente na construção de novas marcas. Metas que somente serão alcançadas com procedimentos adequados e com uma compreensão completa do mercado e da marca, bem como com esforços dos principais *players* em vários campos para conquistar os consumidores brasileiros. Essa conquista decorre de um entendimento preciso do valor estratégico da marca, que só pode ser alcançado por meio da avaliação da marca que resolve problemas financeiros e econômicos.

Desde 1995, mesmo no primeiro teste das recomendações de avaliação descritas no livro *Império da marca*, os conceitos e as ferramentas de *marketing* e finanças devem ser defendidos por nós com o argumento de uma avaliação consistente e eficaz.

Valor percebido

Como mencionamos, o comportamento do consumidor no Brasil encaixa-se perfeitamente no mercado mais maduro do mundo. Portanto, o valor percebido pelos consumidores da marca está intimamente relacionado à sua decisão de compra.

A marca influencia a percepção dos atributos físicos e funcionais de um produto ou serviço e pode ser usada como um indicador de fonte e qualidade, dando a um produto uma personalidade e um conjunto de valores e distingue-o dos concorrentes no ponto de venda.

Da perspectiva da teoria do *marketing* e do comportamento do consumidor, vários conceitos de valor da marca podem ser determinados, sendo expressos em termos de valor financeiro da construção da marca, de valor econômico, de utilidade econômica ou de valor do consumidor. No entanto, ainda existe uma lacuna no conceito unificado de percepção do consumidor sobre o valor da marca. Alguns pesquisadores propuseram conceitos e métodos para esse fim, mas ainda não há consenso sobre isso na literatura.

Nesta obra, vamos adotar a definição de marca proposta por Martins (2006), que a concebe como a diferenciação que se obtém pelo uso do nome e do símbolo que identifica o produto ou serviço.

Para todos os perfis de consumidores, a marca é parte vital do processo de decisão de compra, conforme podemos visualizar com os seguintes exemplos descritos por Martins (2006, p. 231):

- Uma vez reconhecidas pelo consumidor, as marcas geram um conjunto de associações que, tomadas em conjunto, constituem a imagem da marca para os consumidores no mercado;
- Em processos de decisão repetitivos, quando o consumidor identifica (por experiência própria ou por influência da propaganda) uma determinada marca como sendo satisfatória, esta tende a se tornar sua escolha habitual. Essa preferência configura a lealdade do consumidor à marca;
- Comprovou-se empiricamente que o nome da marca influencia as avaliações dos produtos por parte dos consumidores, ou seja, que o nome da marca é usado em maior ou menor grau como uma heurística para avaliação a priori do produto;

- Vistas dentro do contexto da empresa, as marcas representam um ativo que por vezes é o principal responsável pelo sobre preço relativo à avaliação tradicional pago em operações de fusão e aquisição.

Ainda segundo o autor, as extensões de criação de valor percebido para a marca são:

- **Fidelidade**: refere-se ao grau de ligação entre o consumidor e a marca.
- **Consciência**: refere-se à habilidade da marca em ser reconhecida pelo consumidor como parte de uma categoria de produtos.
- **Nome e símbolos**: são os elementos gráficos ou identidade visual que identifica a marca para o mercado.
- **Qualidade**: é o grau de percepção da marca pelo consumidor, que reconhece a superioridade de um produto ou serviço com relação às alternativas disponíveis.
- **Associações**: referem-se a um conjunto de significados que o consumidor atribui a uma determinada marca.

Peso do intangível nas decisões de compra

Todos os produtos e serviços têm certo grau de intangibilidade. Por exemplo, companhias de seguros e consultores são altamente intangíveis. Mesmo a maioria dos produtos totalmente visíveis e táteis não pode ser testada antes da compra.

Compreender a intangibilidade de um produto ou serviço pode afetar a definição de estratégias de vendas e pós-venda e até o valor da marca. Para os consumidores, testar um serviço antes de comprar é, obviamente, muito mais difícil do que um produto. Mas fatores intangíveis são muito importantes para convencer os consumidores nas duas áreas.

Embora muitos executivos tenham dificuldade em entender a composição dos ativos intangíveis ou duvidem de que sejam relevantes e mensuráveis para a composição da riqueza da empresa ou da marca, inúmeras de suas decisões operacionais envolvem a promoção de bens e serviços: comunicar, aceitar, controlar e gerenciar as necessidades de riscos não materiais e fatores de oportunidade nas vendas e no pós-venda.

No mercado financeiro, por exemplo, é preciso decidir sobre operações de crédito e financiamento com base em informações quantitativas e qualitativas. As informações quantitativas são baseadas em uma análise do número de empresas obtidas nas demonstrações financeiras da empresa (balanço patrimonial). De acordo com a avaliação de crédito e os padrões de crédito de vários bancos, os fatos de vendas totais, custos financeiros e de produção, distribuição, despesas de pessoal e investimento financeiro são alguns dados analisados por diferentes métodos.

Também foram realizadas pesquisas sobre informações de mercado, histórico da empresa etc., mas relatadas apenas de maneira descritiva. Independentemente do nível técnico de coleta e pesquisa de informações, sempre é possível conceder empréstimos à empresa errada e, independentemente do nível de garantia ou do nível de elaboração do contrato, quase não há chance de recuperar o principal e os juros.

Os principais fatores de riscos, ameaças e oportunidades não estão no balanço, mas no "chão de fábrica". Ao limpar a fábrica, a atitude moral dos empresários, a qualidade do produto, o comportamento dos funcionários e um grande número de fatores relacionados não estão no balanço – e longe da sede do banco.

Essas observações têm a intenção de abrir sua mente para os fatores intangíveis na análise de marcas, fazendo com que você reflita sobre este questionamento atual: Afinal, quanto vale uma empresa? O fato é que os elementos financeiros da avaliação de uma marca são relevantes, mas não devem ser usados como o único direcionador dos níveis de risco. Os aspectos intangíveis são muito importantes e, geralmente, são o fator de sucesso ou fracasso da organização.

Esses sinais revelam muitas coisas, incluindo a compreensão do papel social dos empreendedores. Acredita-se que pessoas com essa visão sejam devedores com níveis de risco reduzidos. Se as coisas não derem certo, farão tudo o que puderem para resolver o problema sem prejudicar seus próprios interesses e seu senso de responsabilidade, especialmente com a sociedade e com os funcionários e suas famílias.

Quando planejam investir em bens ou serviços, a desconfiança também envolve o pensamento das pessoas, tendo apenas como referência experiências de consumo de outros. Quando as pessoas não podem experimentar um produto ou serviço antes de comprar, pensam em uma promessa de satisfação. Mesmo que você consiga sentir o cheiro, tocar, ver ou experimentar, tudo é apenas promessa, a ser consolidada só após o ato da compra.

Com base nas características dos bens ou serviços (*design*, preço, promoção, fama, comunicação, credibilidade), algumas empresas e marcas têm maiores compromissos do que outras. Em alguns casos, o nível de expectativa é baixo, pois há um nível mais baixo de promessas, visto que o produto se destina a consumidores que tomam decisões de compra, em geral, com base no preço, considerando que o mais importante é que o produto seja capaz de responder objetivamente ao problema: preços baixos.

Somente quando entendermos que todos os serviços ou produtos são baseados na verdadeira intenção de fornecer promessas para atender às necessidades que os consumidores prezam e esperam, podemos acreditar na ideia de "valor da marca", independentemente de essas necessidades serem pequenas ou muito específicas.

Um indicador importante da capacidade de um produto ou serviço cumprir sua promessa é a aparência. É por isso que muitas empresas investem pesadamente na estética de seus produtos e na imagem emocional de seus serviços, como reputação, credibilidade, edifícios de luxo ou escritórios de alta tecnologia. Inúmeros consumidores consideram a aparência um bom indicador da qualidade da empresa, que vende sua promessa, embora experiências tenham demonstrado que isso não garante satisfação ou segurança. Além disso, o crescimento da internet aprimorou a representação da reputação nas decisões de compra, em detrimento ao aumento da aparência de produtos, empresas e serviços.

Geralmente, a maneira como o produto é embalado (caixa, portfólio de produtos, *design*), como o produto é exibido e entregue e quem o fornece são alguns dos fatores que ajudam a tomar decisões de compra.

No entanto, a maioria das empresas e das pessoas se esqueceu de que emoções e opiniões são importantes forças motrizes na decisão de compra. Por mais competente que a organização seja, ela é liderada por pessoas, que, em algum momento, cometerão erros e danificarão a imagem da marca com informações insuficientes, fato que afeta diretamente capacidade futura de ela gerar renda. É por isso que entendemos e analisamos os aspectos intangíveis da criação, gerenciamento e avaliação da marca.

Contabilidade de marcas

Tanto por meio da avaliação econômico-financeira de marcas, com o objetivo de ser lançado em balanços ou transações quanto por meio de classificação comparativa, o entendimento das pessoas sobre o valor das marcas brasileiras ainda está engatinhando.

O setor de contabilidade do Brasil está se desenvolvendo lentamente, incluindo o valor dos ativos intangíveis em seu balanço e até as empresas guiadas que desejam valorizá-lo. Espera-se que uma das propostas discutidas use apenas duas categorias amplas: ativos circulantes e ativos não circulantes. Estes últimos serão subdivididos em ativos de longo prazo, investimentos, ativos fixos, ativos diferidos e intangíveis, e eles não serão mais combinados em ativos de longo prazo. Nesse caso, os ativos intangíveis mostrarão o preço da marca da empresa, mas somente se tiver sido negociada, ou seja, pagamento por compra, venda ou transferência.

Além de trazer benefícios para a gestão de negócios, no Brasil, apesar das disputas entre a Comissão Federal de Contabilidade, a Associação Brasileira de Auditores Independentes, a Lei das Sociedades por Ações e profissionais interessados no assunto, a avaliação da marca também pode ser usada para fins de patrimônio.

Independentemente dessas disputas, todos acreditamos que as organizações têm o direito de avaliar e registrar o valor de seus ativos intangíveis oficiais (ativos legais) no balanço patrimonial, porque também acreditamos que a ausência oficial desses ativos no balanço patrimonial prejudicará os negócios.

Martins (2006, p. 238) destaca:

No exterior os progressos têm sido maiores. Através do Financial Accounting Standards Board (FASB), são verificadas as necessidades de adaptação das normas contábeis à realidade econômica atual, na qual os ativos intangíveis são relevantes para os negócios. O FASB emitiu algumas normas relacionadas, dentre as quais queremos destacar a Statement of Financial Accounting Standard (SFAS), reconhecida como "SFAS 142", a qual diz que os demais ativos intangíveis possuem vida útil indefinida e não devem ser amortizados, mas deverão ser testados no mínimo anualmente para verificar se ocorreu perda de utilidade.

No contexto brasileiro, a Lei n. 6.404, de 15 de dezembro de 1976, inseriu a possibilidade de avaliar os ativos de uma empresa por seu valor de mercado, ação denominada como *reavaliação*. Conforme seu art. 182, parágrafo 3º, essa lei classifica como reservas de reavaliação as compensações de aumentos de valor impostos a elementos do ativo em virtude de novas avaliações com base em laudo (Brasil, 1976).

No que diz respeito aos ativos intangíveis, esses são "ativos diferidos", em que o investimento em recursos é classificado como despesa, que ajudará a formar um desempenho plurianual, inclusive pago ou creditado a interesse para os acionistas.

O ativo diferido faz parte do ativo imobilizado e, juntamente ao investimento no ativo imobilizado, é caracterizado por ativos intangíveis, que serão amortizados por apropriação às despesas operacionais no período em que estiverem contribuindo para a formação do resultado da empresa. Essas despesas incluem os gastos incorridos durante o desenvolvimento, a construção e a implementação do projeto, da pesquisa e do produto antes do início das operações associadas.

Por fim, é fato que esse tema é bastante complexo, contudo, importante no estudo avançado de gestão de marcas e *branding* que compõe o eixo desta obra.

5.2 Como avaliar marcas

Este tópico poderia denominar-se *Como valorizar marcas*, pois essa pode ser uma maneira mais apropriada de descrever os serviços de uma marca (ou de um grupo de marcas da mesma empresa) para investigação e avaliação.

No título desta seção, optamos por usar o termo *avaliar* porque a maioria das pessoas no mercado brasileiro o utiliza. Vale ressaltar que esse processo de avaliação de marca pode ser empregado em quaisquer ativos intangíveis, incluindo patentes, direitos autorais, licenças, contratos, entre outros.

Existem muitos avaliadores de marca no mercado, mas nem todos são capazes de uma tarefa tão complexa. Para tornar esse trabalho prático para as empresas que empregam esses serviços e para tornar o relatório de avaliação juridicamente valioso, recomendamos que essa ação apresente as seguintes características fundamentais, de acordo com Martins (2006, p. 241, grifo do original):

1. **Independência**: não ser ligada a nenhuma empresa que preste serviço de consultoria em contabilidade e, principalmente, auditoria. Caso essas atividades sejam necessárias na avaliação, elas devem ser executadas de forma separada;

2. **Legalidade**: a empresa ou profissional avaliador deve estar registrada no Conselho Regional de Economia, idealmente no mínimo há cinco anos, sendo que o economista responsável deve assinar o Laudo de Avaliação, revisando os critérios metodológicos empregados, bem como conferindo os parâmetros de cálculo e os resultados;

3. **Experiência**: além do domínio dos sistemas de cálculo e avaliação financeira e econômica de empresas, o avaliador deve contar com o conhecimento em branding, incluindo técnicas de criação de marcas, gestão, promoção e comportamento do consumidor, dado que as avaliações mais avançadas não se constituem apenas de números, mas também das avaliações de performance econômica geral da marca, as quais podem indicar os riscos e as oportunidades;

4. **Compromisso**: o avaliador deve emitir um Laudo de Avaliação de Ativo Intangível, revisto e assinado pela equipe que fez o serviço, inclusive o economista. O Laudo deve conter a descrição de todos os critérios utilizados na avaliação, as fontes de informação, a memória de cálculo dos resultados, a declaração dos procedimentos de avaliação e as planilhas de pesquisas e projeções financeiras, dentre outros elementos que variam conforme a complexidade do serviço. Os profissionais devem estar comprometidos com as melhores práticas de suas profissões, inclusive de conduta ética.

Nesse sentido, há várias maneiras de avaliar marcas e outros ativos intangíveis. Estudos demonstraram que, de acordo com o objetivo da avaliação e os tipos de ativos, existem cerca de cem metodologias internacionais, todas com excelentes níveis técnicos.

Com base em vários itens de avaliação, resumimos, no Quadro 5.1, os principais métodos e, em seguida, descrevemos suas principais características, com a intenção de esclarecer quaisquer aspectos relevantes na avaliação de marcas.

Quadro 5.1 - **Métodos de avaliação de marcas**

BASE	MÉTODO
Custos	– Custo histórico – Custo de reposição
Mercado	– Valor de mercado comparado – Taxa comparada de *royalty*
Critérios econômicos	– Fluxos de caixa – Contribuição da marca – *Royalty*
Métodos híbridos	– Mensuração de ativos – Preço/lucro adicional

O **custo histórico** refere-se ao valor que o ativo intangível reflete nos investimentos realizados sobre a marca. O **custo de reposição** diz respeito ao valor do ativo intangível equivalente ao total de investimentos necessário para reconstruí-lo. Já o **valor de mercado** é definido como os ativos intangíveis que devem ser avaliados levando em consideração as transações recentes envolvendo ativos similares. **Fluxos de caixa** são caracterizados pela identificação direta dos lucros projetados decorrentes do ativo intangível e pelo cálculo do VPL do fluxo de caixa decorrente. A **contribuição da marca** constitui-se na identificação dos lucros adicionais provenientes do ativo intangível com relação aos lucros provenientes de todos os demais ativos. E os **custos de utilidade** referem-se ao processo de avaliar o custo de produção, distribuição e venda dos produtos, adicionando um lucro médio de comercialização no setor.

O **retorno sobre capital** consiste em separar os lucros provenientes da marca (ou outro ativo intangível) dos lucros decorrentes do negócio através da dedução de uma remuneração considerada adequada para o capital empregado.

(Martins, 2006, p. 242, grifo do original)

O conceito de **lucro** *premium* diz respeito ao fato de que o retorno sobre ativos de uma empresa que têm ativos intangíveis será maior do que o de uma empresa comparável sem esses ativos. O **preço** *premium* é a possibilidade de um produto com marca ser comercializado com um preço adicional com relação a um produto sem marca.

Por sua vez, a ideia de *royalty* parte do princípio de que, caso os ativos intangíveis não sejam de posse da empresa, esta tem de alugá-los e pagar por eles, além da ideia de que, se a organização tem os ativos, ela não precisa pagar *royalties* por eles, apenas é arbitrada uma taxa pelo avaliador, sendo o valor dos intangíveis correspondente ao valor do fluxo de *royalties* não pagos e/ou não recebidos.

Alternativamente, os *royalties* podem ser encarados como uma receita adicional ou marginal que poderia ser obtida com o licenciamento dos ativos intangíveis a outras empresas.

Por fim, atualmente, além de identificar concorrentes e pontos fortes e fracos, pessoas e recursos estão participando muito extensivamente na tentativa de entender melhor os consumidores, suas necessidades, as tendências e os comportamentos, mas eles têm um bom entendimento da própria marca. Muitos empresários e executivos brasileiros ainda não perceberam as possibilidades dessas perspectivas para suas marcas, e esses ativos são os ativos mais sensíveis ao estilo de gestão da empresa.

PARA REFLETIR

Manter a atenção da marca da perspectiva do valor do consumidor pode ser a melhor maneira de proteger e aprimorar o valor da marca.

Considerando as inúmeras possibilidades de compreensão da marca e a crescente crença na importância estratégica das diferenças emocionais e na formação de conexões positivas, acreditamos que é importante que a empresa invista continuamente na pesquisa de sua marca e na seleção de profissionais envolvidos em todas as atividades de gestão, promoção e desenvolvimento da marca, não apenas de *marketing*, vendas ou comunicação.

Esse conhecimento deve ser profundamente entendido e sempre perseguido, especialmente em um mercado em que a intolerância a erros físicos em produtos ou à baixa qualidade do serviço diário são ainda mais consolidadas. Portanto, falsas promessas de comunicação não apenas prejudicam as crenças dos consumidores em marcas negligentes, mas também podem prejudicar as crenças em todos esses produtos e serviços. Esse fato terá um impacto negativo no desempenho financeiro.

Vale lembrar que existem milhares de promessas de marca em todos os segmentos de mercado, mas poucos ouvirão o mercado e serão absorvidos por ele. Não é exagero dizer que não haverá segunda chance para vendas ou serviços de má qualidade. Da perspectiva do posicionamento da marca, com base na abordagem correta do mercado e na promessa da marca do consumidor, as empresas devem concentrar-se em comunicar as diferenças da marca.

Geralmente, a empresa até define o posicionamento para um ou dois fatores diferenciadores (idealmente, não deve limitar-se a isso), mas, ao executar o plano de comunicação, eles espalham sua energia em várias outras ideias que fizeram com que a imagem da marca se tornasse insignificante. Também deve ser lembrado que a entrega das promessas do produto ou serviço legitimará o posicionamento da marca.

No que diz respeito às diferenças que as empresas devem priorizar em suas estratégias de comunicação, as decisões precisam ser tomadas na perspectiva dos consumidores, situação que nem sempre ocorre porque muitas empresas têm um conceito errado de imagem.

PARA REFLETIR

O fator que determina a compra é a percepção do consumidor sobre a marca, e não a percepção da empresa sobre a própria marca.

Ainda existem muitas disputas entre a definição de *brand equity*. O ponto em comum entre eles é que a marca deve ser apreciada por seus benefícios tangíveis e intangíveis.

Nesse caso, diferentes associações públicas e impressões da marca são essenciais para gerar melhores vendas e lucros, fato que levará à criação de marcas valiosas, razão pela qual são necessários o valor financeiro e o comportamento econômico de suas marcas. Na prática, realize uma avaliação sistemática. Estude o processo de fusões e aquisições de marcas, bem como ferramentas para monitorar os esforços de gerenciamento e comunicação da empresa. Só assim você será capaz de avaliar uma marca.

SÍNTESE

Neste capítulo, abordamos a diferença conceitual entre *produto* e *marca* no âmbito do *marketing*. Em seguida, analisamos o mercado de marcas, bem como a compra e a venda de marcas, o valor das marcas no Brasil, o valor percebido e o preço do intangível, o peso do intangível nas decisões de compras e a contabilidade de marcas. Por fim, discutimos sobre princípios, conceitos e métodos de avaliação de marcas.

Chaosamran_Studio/Shutterstock

Capítulo 6

MARCA DE SERVIÇOS

Você provavelmente já ouviu falar que o *marketing* é a alma de um negócio. Mas precisa compreender que isso não quer dizer que toda iniciativa deva ser promovida da mesma forma. Cada organização tem circunstâncias e públicos diferentes que precisam ser considerados no momento de planejar uma estratégia de *marketing* bem-sucedida.

O setor de serviços, por exemplo, vem gerando grande movimentação na economia global, e não adianta seguir exatamente as mesmas estratégias utilizadas para promover produtos. Em vez disso, é necessário adotar métodos específicos que auxiliem a convencer os clientes e a atender às suas expectativas de consumo.

Nesse contexto, nas últimas décadas, os serviços tornaram-se uma parcela significativa da economia e o setor terciário envolve diversas atividades essenciais, bem como emprega grande parte da população e contribui expressivamente para o produto interno bruto (PIB) dos países, principalmente nos países industrializados.

Cada tipo de serviço tem suas particularidades e, por isso, precisam ser encarados de maneira distinta, o que torna sua definição altamente complexa. Isso ocorre porque o serviço tem atributos distintos do produto físico, ele é uma ação ou uma *performance* oferecida por uma parte a outra parte. E esse método também pode conter uma conexão transitória com o produto físico, com um caráter intangível e, em regra, não deriva em propriedade dos fatores de produção.

Por esse motivo, neste capítulo, vamos inicialmente abordar o desenvolvimento de marcas sob a perspectiva do *marketing* de serviços. Em seguida, de forma mais profunda, adentramos no escopo do *branding* de serviços e finalizamos com a discussão sobre um estudo de caso com a aplicação dos conteúdos estudados no capítulo.

6.1 Marketing de serviços

Para a American Marketing Association, o serviço também é um produto, contudo, intangível, não podendo ser carregado nem guardado, devendo, portanto, ser vendido diretamente ao comprador, além de ser perecível.

Para Kotler e Keller (2006, p. 297), "O serviço é qualquer ato ou desempenho, essencialmente intangível, que uma parte pode oferecer a outra e não resulta na propriedade de nada. A execução de um serviço pode estar ou não ligada a um produto concreto".

Além dessas definições, os serviços se caracterizam de acordo com nove atributos, que permitem identificar o que é um bem e um serviço.

A primeira peculiaridade reside no fato de que o cliente não pode obter a posse de um serviço, sendo essa a principal diferença entre bens e serviços, já que, na maioria dos casos, o cliente não obterá a propriedade de um bem tangível, exceto quando se tratar de serviços de restauração ou de troca de peças em serviços de reparos.

Por conseguinte, o serviço é instantâneo, perecível e não pode ser estocado, mesmo que haja locações físicas e utensílios, ou seja, apenas a capacidade produtiva é que viabiliza a adequada prestação do serviço.

No serviço também há fortes atributos da intangibilidade, já que este tem caráter imaterial, como, por exemplo, a qualidade do atendimento ao cliente.

Outro problema é que os clientes podem participar da produção de serviços, produzindo e consumindo ao mesmo tempo, não podendo ser desvinculados da execução do serviço, como em cortes de cabelo, manicures, cursos particulares e outros.

O autor também destaca que outras pessoas podem estar presentes no momento da execução do serviço, pois muitas categorias de serviço exigem que os clientes convivam uns com os outros em um mesmo ambiente, e não apenas com os atendentes da organização, como no caso de um restaurante, de um hotel ou de um evento desportivo, de modo que o mau comportamento de um cliente pode impactar decisivamente a experiência dos demais.

Existe uma grande variabilidade entre os produtos de entrada e operação, o que está relacionado à alta possibilidade de erros na entrega final. Assim, é difícil proteger os clientes contra as falhas que ocorrem ao receber serviços em tempo real. Quando há profissionais e outros clientes, é incerto ter um controle padrão e de alta qualidade, porque isso dependerá de fatores além do controle da organização.

Se o serviço for realizado na ausência do cliente, será mais fácil manter os padrões de controle e qualidade, pois estes podem ser verificados antes da entrega, como, por exemplo, um reparo mecânico.

Outro fator importante está na dificuldade para os clientes avaliarem vários serviços, pois geralmente, não têm conhecimentos técnicos sobre o tipo de experiência que consomem, como consultas médicas ou cirurgias, que são serviços especializados que requerem conhecimentos específicos do fornecedor. Mesmo após a compra, é difícil para os clientes os avaliarem.

Isso também pode acontecer em serviços que só podem ser identificados após ou durante o consumo (como cortes de cabelo), diferentemente dos produtos físicos, que podem ser avaliados antes da compra. Tal dificuldade pode ser amenizada pelo *marketing* de serviços ao ajudar fortemente os clientes a ajustar suas necessidades aos serviços, com muita informação clara e assertiva quanto ao que ele irá receber antes, durante e depois da compra.

Além disso, o fator *tempo* é extremamente importante, porque a velocidade do serviço é considerada uma característica de qualidade, e muitos clientes estão dispostos a pagar mais por um serviço mais rápido. Portanto, entender o tempo que as pessoas estão dispostas a esperar, bem como suas necessidades e prioridades, é crucial para que os profissionais de *marketing* de serviços desenvolvam métodos para aliviar o tempo de espera ou acelerar a entrega.

Por fim, para enfatizar os canais de distribuição, com o avanço das novas tecnologias, as vias de logística aparecem todos os dias sob diferentes formas. Portanto, empresas de todos os tamanhos podem quase instantaneamente fornecer serviços baseados em informações colhidas na internet. Além disso, as empresas também podem combinar canais físicos e *on-line*, como bancos que prestam serviços pessoalmente no caixa ou por meio de seu *bankline*.

> *Bankline* significa "banco digital", um serviço oferecido pelos bancos que disponibiliza diversas facilidades para seus clientes de forma remota, como verificação de extrato, pagamento, emissão de boletos, entre outros.

As características de um serviço, que são diferentes das de um produto, podem ser categorizadas da seguinte maneira:

- Clientes não adquirem a propriedade de serviços.
- Produtos que são serviços não podem ser estocados.
- Elementos intangíveis determinam a criação de valor.
- Outras pessoas podem fazer parte do produto.
- Há mais variabilidade entre insumos e produtos operacionais.

- Alguns serviços são difíceis de ser avaliados pelos consumidores.
- O fator tempo é de grande importância.
- Há diferentes canais de distribuição.

Para além dessas características distintivas, os serviços também podem ser categorizados de quatro formas de acordo com seu processo de criação e entrega. Simples ou complexos, esses processamentos podem ter natureza tangível ou intangível e são essenciais para o *marketing*, o operacional e os recursos humanos de uma organização, com diferentes implicações em cada.

A primeira categoria faz referência ao **processamento de pessoas**, no qual o cliente participa ativamente do processo do serviço de forma física, e não a distância, com um alto nível de envolvimento, como no caso dos serviços de beleza e saúde.

Já no **processamento de posses**, o cliente tem a função de apenas entregar o objeto, solicitar o serviço de que precisa, pagar a conta – que pode ser antecipada ou não – e depois ir buscá-lo de volta. Há casos também no qual a empresa vai até o cliente realizar o serviço, mas ele não participa ativamente do processo para receber o benefício, que pode ser, por exemplo, o serviço de desentupimentos de canalizações residenciais.

Quanto ao **processamento de estímulo mental**, este diz respeito aos serviços que agem diretamente na mente das pessoas, como aqueles relacionados à educação, os noticiários ou qualquer coisa que tenha o poder de influenciar comportamentos de alguma forma.

Já no **processamento de informação**, os serviços são dirigidos aos ativos intangíveis, como os serviços jurídicos, de contabilidade, pesquisa de mercado, consultoria em gestão e diagnóstico médico.

Resumidamente, o serviço tem cinco características principais de interesse para o *marketing*: intangibilidade, perecibilidade, heterogeneidade, simultaneidade e participação do cliente no processo. Vejamos cada uma delas a seguir.

- **Intangibilidade**: refere-se ao fato de que serviços não podem ser tocados ou apalpados. Serviços são processos, ideias e conceitos que atendem a determinada necessidade. Não são patenteáveis, de forma que o consumidor se baseia na reputação de uma marca ou empresa.

- **Perecibilidade**: não há a possibilidade de um serviço ser estocado quando não utilizado, eles simplesmente deixam de existir, como, por exemplo, um assento em um voo comercial ou uma vaga em um quarto em hotel.

- **Heterogeneidade**: também conhecida como *variabilidade*, refere-se à ideia de que um serviço pode variar de cliente para cliente. Normalmente, os serviços são atividades voltadas para os clientes.

- **Simultaneidade**: significa que os serviços, na grande maioria das vezes, são criados e consumidos no mesmo momento.

- **Participação do cliente no processo**: há possibilidade de acompanhamento da execução do serviço, atenção ao desenho das instalações e oportunidades de coprodução, como, por exemplo, serviços de personalização.

Interessante, não é? Agora que você já conhece a diferença entre produtos e serviços, que tal analisar a estratégia correta para cada um deles de acordo com o que foi estudado?

6.2 Branding de serviços

Em razão das peculiaridades dos serviços, o tradicional composto de *marketing* não é suficiente e não abrange todas as necessidades e incertezas relacionadas à execução do serviço, principalmente tendo em vista sua intangibilidade e a ausência da gestão da interface com os clientes.

Por isso, faz-se necessário adaptar o composto acrescendo todos os outros três elementos que fazem parte da entrega de um serviço. Assim, é preciso considerar sete itens no composto (e não apenas os "4Ps" tradicionais).

O planejamento do composto de *marketing* inicia com a criação de um conceito de serviço que dará valor para segmentar os consumidores e satisfazer suas necessidades mais plenamente do que as alternativas concorrentes, para então começar a desenvolver a estratégia de acordo com os 7Ps: produto, praça, preço, promoção, processo, ambiente físico e pessoas.

Conheça, a seguir, cada um deles, assim como suas áreas de atuação no *marketing*.

- **Produto (P1)**

    A parte mais importante da estratégia empresarial é o desmembramento do serviço em dois componentes: o produto principal e os serviços suplementares que agregam valor e dão suporte aos clientes, para que estes usufruam com mais eficiência do serviço principal. É o caso das companhias aéreas, que oferecem a possibilidade de comprar passagens, assentos e outros produtos diretamente no *site* da empresa, mas somente na data e hora definidas pelo cliente, podendo realmente obter o benefício real de sua compra, que é, nesse caso, ser transportado de um lugar para outro.

- **Praça (P2)**

    Atualmente, dependendo do tipo de serviço e da organização que o oferece, a distribuição pode ser feita por meio de vários canais físicos ou digitais, como lojas físicas, telefone ou celular, *site* e organizações intermediárias comissionadas.

    Com a ajuda da internet, serviços importantes e suplementares podem ser fornecidos (que são aqueles que facilitam a compra e o uso dos benefícios físicos). Por exemplo, ainda no caso das companhias aéreas que vendem passagens e serviços agregados *on-line*, o cliente pode selecionar todo o conteúdo do *site* e ir ao aeroporto apenas para pegar o voo.

    Além disso, tempo e velocidade são essenciais para a prestação de serviços, pois muitos consumidores estão dispostos a pagar mais por esse benefício. Afinal, na era de hoje, a frase "Tempo é dinheiro" tornou-se realidade, e muitas pessoas não querem desperdiçar o seu.

Por essa razão, as organizações estão cada vez mais fornecendo serviços 24 horas, 7 dias por semana, em todos os canais de distribuição possíveis para facilitar a vida dos consumidores.

- **Preço (P3)**

  Por meio de uma estratégia de preços, a receita dos fornecedores pode compensar custos operacionais e retirar margens de lucro, portanto, a estratégia geralmente é muito dinâmica e pode alterar a percepção do valor do serviço, mantendo seu preço de acordo com o tempo, as compras e o prazo de entrega. A oferta, a demanda e a capacidade da organização de demandar variam muito.

  Por outro lado, para os clientes, o significado do preço vai muito além do custo da obtenção de benefícios, além de avaliar os gastos não monetários associados ao tempo e ao esforço necessários para obter aquilo de que precisam e até avaliar a despesa extra real de ir ao local de serviço. Todos esses inconvenientes ou despesas devem ser evitados ou reduzidos ao mínimo possível, a fim de que os clientes possam obter serviços da maneira mais simples.

  Além disso, para que não haja clientes de menos nem de mais, os especialistas em *marketing* da organização podem procurar suavizar o nível de demanda por meio de preços dinâmicos, na intenção de adaptar-se às capacidades operacionais que a empresa pode oferecer.

- **Promoção (P4)**

  As organizações precisam fornecer aos seus clientes todas as informações e os conselhos de que precisam para convencê-los a respeito de quanto eles se beneficiarão com a compra e incentivá-los a agir dentro do prazo. A descrição deve concentrar-se nas vantagens do serviço, onde comprar e como participar de sua produção para melhor atender aos resultados.

Os funcionários da linha de frente e a equipe de vendas podem comunicar-se por meio de *sites*, telas de autoatendimento e várias outras mídias. E as atividades promocionais estimularão compras mais experimentais e instantâneas, acelerarão a aceitação de serviços e incentivarão o consumo quando a demanda for baixa.

A função mais importante da comunicação de uma empresa é criar confiança em suas habilidades, enfatizando sua reputação e a experiência de seus colaboradores.

Além disso, se a empresa começar a ensinar os clientes a melhorar suas capacidades e sua produtividade, obterá muitas vantagens, porque, quando o cliente souber usar bem o serviço, obterá uma experiência melhor e, como efeito dessa eficiência, a produtividade da empresa aumentará e os custos serão reduzidos, possibilitando a oferta de preços ainda mais baixos.

- **Processo (P5)**

Um processo eficaz é essencial para fornecer aos clientes os serviços necessários. Portanto, o *design*, o planejamento e a implementação cuidadosa do processo devem ser bem executados, pois, se o processo não for perfeito, pode haver prejuízos aos consumidores, como experiências negativas, falta de métodos de entrega padronizados e condições insatisfatórias de compra. Além disso, problemas de processo causam graves falhas de serviço, baixa produtividade e rotatividade de recursos humanos.

- **Ambiente físico (P6)**

    Todos os elementos visuais do local onde o serviço é prestado são muito importantes e devem ser cuidadosamente planejados para fornecer evidências tangíveis de qualidade, facilitar a entrega e orientar o cliente durante o processo. O mesmo ocorre com a localização, a aparência do prédio, dos móveis, do estacionamento, dos uniformes, dos equipamentos, das gravuras, entre outros. Tudo deve estar alinhado à missão da empresa.

- **Pessoas (P7)**

    A interação interpessoal está intimamente relacionada à qualidade final do serviço, portanto, as organizações devem trabalhar com recursos humanos para selecionar, treinar e motivar os funcionários a refletir sobre seu trabalho e a entrar em contato com os clientes de forma adequada.

    Esse composto de *marketing* de serviço, com três itens a mais, ampliando o tradicional "4Ps" (produto, preço, praça e promoção), mostra o quão importante é o fato de as funções de gestão do *marketing*, das operações e dos recursos humanos trabalharem juntas em uma organização de serviços, uma vez que todos estes interferem diretamente na experiência que o cliente tem com a empresa e, principalmente, podem influenciar decisivamente o que o cliente irá viver ao consumir o serviço.

    O gerenciamento operacional é a principal função do negócio de serviços, pois é o responsável pela gestão da entrega dos serviços por meio da equipe, das instalações físicas, dos sistemas e das tarefas em que os funcionários entram em contato diretamente com os clientes.

Em termos de recursos humanos, eles são responsáveis pela definição do trabalho, recrutamento e seleção, treinamento e qualidade de toda a vida profissional. Para as organizações de serviços, eles devem observar esse campo de uma maneira mais estratégica, pois precisam garantir que os funcionários tenham as habilidades e o treinamento adequado para transmitir mensagens promocionais, educar os clientes e cuidar da condição física da equipe, como uniformes, imagem pessoal e comportamento correto.

Em suma, a integração dessas três funções é a base dos serviços, pois qualquer dificuldade em umas dessas áreas afetará diretamente a execução de serviços e impactará diretamente os consumidores, deixando-os insatisfeitos de alguma forma. Isso mostra que as empresas de serviços precisam constantemente pensar e repensar sobre como conduzir negócios, como melhor atender seus clientes e usar novas tecnologias para implementar novas estratégias de *marketing*.

E como aplicar o *branding* de serviços? A esse respeito, apresentamos seis dicas a serem seguidas:

1. Foque nas pessoas, tanto no desenvolvimento de sua equipe quanto nos clientes mais exigentes.
2. Utilize a produção de conteúdo como uma forma de desenvolver autoridade.
3. Encontre um diferencial claro, de forma a inovar sempre.
4. Estabeleça metas claras e realistas de acordo com seu mercado.
5. Monte um plano de ação para que as metas se realizem.
6. Acompanhe os resultados de perto, analisando qual melhor estratégia seguir.

Não existe o modo certo ou errado de investir em desenvolvimento de *branding*, porém seguir essas dicas pode contribuir para o sucesso.

6.3 Estudo de caso

Para finalizar este capítulo, vejamos, a seguir, um exemplo inspirador de uma grande marca que fez bom uso das ferramentas de gestão de marca e *branding* e foi muito além do produto, elaborando conteúdos, inventando conceitos, difundindo ideias e conquistando uma legião de admiradores.

Netflix

A empresa Netflix, que revolucionou o mercado de *streaming*, frequentemente se destaca por conta de publicações e interações em suas redes sociais, onde a maior parte de seu público está presente.

Streaming, no âmbito tecnológico, refere-se a um fluxo de dados ou conteúdos multimídia. Atualmente, é uma das principais formas de consumo filmes, seriados e diversos programas de entretenimento.

Contudo, isso só é possível porque a personalidade e o tom de voz da marca são muito bem estabelecidos através de uma comunicação inovadora, jovem e bem-humorada. Dessa forma, os colaboradores que gerenciam as redes sociais da marca sabem como se posicionar e com o que podem brincar.

Veja como exemplo, na Figura 6.1, alguns dos *posts* feitos pela conta oficial da Netflix no Twitter que surpreenderam muitos usuários, principalmente em razão da comunicação amigável com em relação a suas concorrentes diretas. Dessa maneira, a marca transmite uma imagem muito positiva para o mercado. Trata-se de uma ação que, com certeza, rendeu muito para todos.

Figura 6.1 – **Posts da Netflix no Twitter**

netflixbrasil @NetflixBrasil · 38 min
O mais importante agora é se cuidar e, se der, ficar em casa. E se você acha que já viu tudo o que tem disponível, tem coisas muito legais em outras plataformas pra você dar uma variada:
468   923   11 mil

netflixbrasil @NetflixBrasil · 37 min
Se você gosta de Black Mirror, provavelmente vai gostar de Years and Years, da @HBO_Brasil. Se prefere Orange Is The New Black, você deve gostar de Fleabag, do @PrimeVideoBR.
135   465   7,1 mil

netflixbrasil @NetflixBrasil · 37 min
Se gostou de Atypical, talvez você goste de The Good Doctor, do @globoplay. Mas se o que você gosta é de me encher no Twitter, a @redetelecine tem sete filmes de Harry Potter disponíveis.
509   780   10,3 mil

O exemplo mostra, que para se posicionar dessa forma nas redes sociais, é necessário ter essas diretrizes muito claras em sua comunicação externa.

Uma etapa importante da gestão de marcas é atentar-se para aproveitar todos os elementos estabelecidos no processo nas comunicações externas da organização, servindo como pontos de contato direto do negócio com o público externo.

A identidade visual, a personalidade da marca e o vocabulário devem estar alinhados nos canais: *site*, publicações, comentários, Mensagens em redes sociais, conteúdos no *blog*, materiais complementares, como *e-books* e infográficos, anúncios publicitários, seja em meios tradicionais, seja na internet, no atendimento ao cliente, em materiais de eventos patrocinados, entre outros.

No entanto, outras situações além dessas podem ocorrer, e o importante é acompanhar as diretrizes constituídas sempre que houver contato físico ou remoto com o público. Dessa forma, a imagem da marca vai se consolidar, e esse é o principal objetivo do *branding*, certo?

É importante ver, na prática, como uma empresa pode construir um relacionamento próximo de seus clientes, lembrando que, para isso, é preciso saber onde seu público-alvo está e como ele se comunica.

As ferramentas de gestão de marca e *branding* não são apenas para grandes empresas. Planejar a informação que deseja transmitir para seu público e de que forma deseja passá-las é uma das tarefas que devem ser feitas desde o início de qualquer produto ou serviço.

SÍNTESE

Neste capítulo, constatamos que trabalhar com a marca é muito importante para que uma organização se consolide. Em um mercado cada vez mais competitivo, especialmente no comércio digital, as empresas que conseguem criar uma conexão com o público obtêm grande destaque. E o *branding* é a ferramenta apropriada para estabelecer essa afinidade entre o consumidor e a empresa.

Essa estratégia pode, ou melhor, deve ser desenvolvida de várias formas. Recomendamos, primeiramente, trabalhar a marca no âmbito interno da empresa, independentemente de ser composta apenas por você ou por centenas de colaboradores. É essencial que, internamente, a percepção da marca seja coesa para que a imagem correta seja transmitida ao público externo.

Considerações
finais

A área de *marketing* é de uma riqueza sem tamanho. Diante disso, para estudar o conceito de *branding*, devemos ter em mente que ele é uma construção que nunca terá fim. Ao longo dos seis capítulos desta obra, tivemos a preocupação de traçar um panorama histórico e atual do que vem a ser a gestão de marca e o *branding*.

De forma introdutória, evidenciamos que o *branding* surgiu desde a Idade Média, como meio de demarcar o gado e separá-lo em rebanho. Assim, constatamos que mesmo o povo antigo, que ainda não tinha muita noção de mercado, já entendia a importância do *branding*.

Buscando superar alguns desses desafios, optamos por referenciar uma parcela significativa da literatura especializada e dos estudos científicos a respeito dos temas abordados.

Abordamos a história do *branding*, destacando que foi no século XI que a ideia de marca começou a ter sentido comercial. Por meio do estudo da história desse instituto, apresentamos seu significado: um conjunto de ações ligadas à administração das marcas. Também tratamos do poder e da construção das marcas, ressaltando que elas constituem um agrupamento de atributos que podem ser tangíveis ou intangíveis, demonstrando como a marca transmite poder e a forma como ela é construída. Salientamos, por sua vez, que o *brand equity* é um assunto considerado novo no Brasil, apesar de já existir no mundo desde a década de 1980. Além disso, avaliamos as marcas, pontuando a diferença entre produto e marca, em que a marca é constituída como um ativo financeiro. Discutimos, ainda, sobre o mercado de marca e a forma de se valorizar as marcas. Por fim, abordamos a marca de serviços, posicionando o *marketing* como a alma do negócio, o que permitiu inferir em que constitui o *marketing* de e o *branding* de serviços.

Com base nesses aportes, apontamos a importância que a marca exerce no comércio e o quanto sua visibilidade propicia para o consumidor uma sensação de confiança e conforto. A marca é a personalidade de um negócio. Ela não é apenas o produto ou serviço oferecido e também está longe de ser apenas uma identidade visual com logotipo, *slogan* e nome. Todos esses elementos são formas de deixar a personalidade da marca mais clara para o mercado. Sua marca é aquilo que falam sobre você quando você não está presente.

O que você defende hoje?

Que impressão você causa?

Que experiências proporciona?

Que emoções e impressões você pretende passar?

O *branding* é uma estratégia de gestão da marca com o objetivo de fazê-la ser percebida e lembrada pelo mercado de forma positiva. A ideia é concretizar um trabalho para que, idealmente, uma empresa seja a primeira opção na mente do consumidor quando ele precisar de algum produto ou serviço.

As principais funções de uma marca são: concorrencial, identificadora, individualizadora, reveladora, diferenciação, publicitária e de diferenciação interna. Esses conceitos deverão nortear todo o caminho da uma empresa que seja obter sucesso, realizando um movimento de dentro para fora, em que toda a equipe conhece e vive os valores defendidos pela marca.

O ambiente organizacional deve respirar essa identidade no dia a dia de suas operações, permitindo que o produto seja entregue como foi prometido. Da mesma forma, a comunicação e o atendimento ao cliente precisam ser impecáveis e transmitir essa personalidade. E, claro, a identidade visual deve estar em harmonia com suas crenças, emoções e valores.

Portanto, a gestão de marca tem como ofício conduzir uma política clara e objetiva no propósito de compartilhar os valores e a filosofia de uma organização, além de ordenar sua comunicação, suas áreas e seus serviços por meio de sinalizações e ações administrativas, de modo que a gestão de marcas se fundamente na afirmação das experiências sensoriais que acompanhem as atuais experiências de consumo.

Relembre que, nesse contexto, para tomada de decisões assertivas, há cinco tipos de gestão de marcas: *cobranding*, digital *branding*, marca pessoal, marcas de causas e marca de país.

Com essa reflexão e com os conhecimentos a respeito do que é uma marca, será possível iniciar sua gestão e, finalmente, começar a trabalhar o *branding* para alcançar o intangível.

Esperamos que esses conteúdos sejam úteis para você. Como vimos, existem muitas maneiras de construir uma marca com o *branding*. Obviamente, você não precisa executar todas as operações de uma só vez, mas é essencial lembrar de suas funcionalidades.

A gestão de marcas deve ser um processo contínuo, com a intenção de se manter sempre atualizado e de acordo com o comportamento de seus consumidores, considerando ainda as perspectivas do mercado competitivo.

Por fim, buscamos contribuir para o desenvolvimento de estratégias ainda mais assertivas com o objetivo de que você atinja seu público-alvo e se destaque no mercado.

Esperamos que você aproveite todas as oportunidades para colocar em prática aquilo que foi trabalhado nesta obra, de forma profissional e inovadora. Utilize este material de consulta sempre que necessário. Aproveite o conhecimento adquirido e empregue-o a seu favor!

Referências

AAKER, D.; JOACHIMSTHALER, E. **Brand Leadership**: Building Assets in an Information Economy. London: Free Press, 2009.

APPLE. **Qual é o iPhone ideal para você?** Disponível em: <https://www.apple.com/br/iphone/>. Acesso em: 20 jan. 2021.

ARRUDA, F. **Confira versão de comercial da Apple narrada por Steve Jobs**. 6 out. 2011. Disponível em: <https://www.tecmundo.com.br/steve-jobs/14075-confira-versao-de-comercial-da-apple-narrada-por-steve-jobs.htm>. Acesso em: 20 jan. 2021.

BRANDÃO, V. **A percepção do consumidor**: uma estratégia de marketing. 2 fev. 2009. Disponível em: <https://administradores.com.br/artigos/a-percepcao-do-consumidor-uma-estrategia-de-marketing>. Acesso em: 20 jan. 2021.

BRASIL. Lei n. 6.404, de 15 de dezembro de 1976. **Diário Oficial da União**, Poder Legislativo, Brasília, DF, 17 dez. 1976. Disponível em: <http://www.planalto.gov.br/ccivil_03/leis/l6404consol.htm>. Acesso em: 20 jan. 2021.

CASA da consultoria. **Diferença entre propaganda e publicidade**. Disponível em: <https://casadaconsultoria.com.br/diferenca-entre-propaganda-e-publicidade/>. Acesso em: 20 jan. 2021.

CHAILAN, C. Brand Architecture and Brand Portfolio: a Clarification. **EuroMed Jornal of Business**, v. 4, n. 2, 2009.

FERRELL, O. C.; HARTLINE, M. D. **Estratégia de marketing**. Cengage Learning Editores, 2012.

FRANKENTHAL, R. **Como criar uma marca de sucesso em 9 passos**. 9 nov. 2017. Disponível em: <https://mindminers.com/blog/como-criar-uma-marca-de-sucesso-em-9-passos/>. Acesso em: 20 jan. 2021.

FREITAS, R. de. A história da marca: um fenômeno em evolução. **Ideia de marketing**. Disponível em: <https://www.ideiademarketing.com.br/2017/01/18/historia-da-marca-um-fenomeno-em-evolucao/>. Acesso em: 20 jan. 2021.

INSTITUTO INTERBRAND. Best Global Brands 2020: Coca-Cola. 2020. Disponível em: <https://interbrand.com/best-global-brands/coca-cola/>. Acesso em: 20 jan. 2021.

KAPFERER, J-N. **As marcas**: capital da empresa. 3. ed. São Paulo: Bookman, 2003.

KOTLER, P.; HARTAJAYA, H.; SETIAWAN, I. **Marketing 3.0**: as forças que estão definindo o novo marketing centrado no ser humano. São Paulo: Elsevier, 2010.

KOTLER, P., KELLER, K. L. **Administração de marketing**. 12. ed. São Paulo: Pearson Prentice Hall, 2006.

LANDA, R. **Designing Brand Experience**: Creating Powerful Integrated Brand Solutions. New York: Thomson Delmar Learning, 2006.

MARTINS, J. **Branding**: um manual para você criar, gerenciar e avaliar marcas. 3. ed. São Paulo: Global Brands, 2006.

NOALVO. **Propagandas**: os tipos e as campanhas para converter mais. 16 out. 2019. Disponível em: <https://blog.midianoalvo.com.br/tipos-de-propagandas-e-campanhas/>. Acesso em: 20 jan. 2021.

PATEL, N. **Rebranding**: o que é, qual a importância e como fazer. Disponível em: <https://neilpatel.com/br/blog/rebranding-o-que-e/#:~:text=Rebranding%20%C3%A9%20o%20ato%20de, identidade%20visual%20e%20outros%20elementos>. Acesso em: 20 jan. 2021.

PEÓN, M. L. **Sistemas de identidade visual**. 3. ed. Rio de Janeiro: 2AB, 2003.

ROSS, M. **Branding Basics for Small Business**: How to Create an Irresistible Brand on any Budget. 2. ed. Nashville: NorLightPress, 2010.

SKACEL, R. K. **Plano de marketing**. São Paulo: NBL, 2005.

STRUNCK, G. **Como criar identidades visuais para marcas de sucesso**. 2. ed. Rio de Janeiro: Rio Books, 2007.

SULZ, P. **O que é branding**: aprenda como fazer uma gestão de marca incrível. 22 ago. 2019. Disponível em: <https://rockcontent.com/blog/branding/>. Acesso em: 20 jan. 2021.

TAVARES, F. **Gestão da marca**: estratégia e marketing. Rio de Janeiro: Editora E-papers, 2003.

WHEELER, A. **Design de identidade da marca**: guia essencial para toda a equipe de gestão de marcas. 3. ed. Porto Alegre: Bookman, 2012.

WHEELER, A. **Design de identidade da marca**: um guia completo para a criação, construção e manutenção de marcas fortes. 2. ed. Porto Alegre: Bookman, 2008.

Sobre
a **autora**

Laís Conceição Ribeiro é formada em Sistemas de Informação pela Universidade Federal do Pará (UFPA), mestre em Gestão de Marketing pelo Instituto Português de Administração e Marketing (IPAM), especialista em Gestão Empresarial pela Fundação Getulio Vargas (FGV). Atuou como diretora de *marketing* e *branding* na indústria de cosméticos no Brasil e em Portugal. Foi docente dos cursos de Administração, Marketing e Publicidade e Propaganda. Atualmente, é professora de Gestão de Marcas e Branding das Universidades do Grupo Ser Educacional.

*

Os livros direcionados ao campo do *design* são diagramados com famílias tipográficas históricas. Neste volume foram utilizadas a **Caslon** – desenhada pelo inglês William Caslon em 1732 e consagradada por ter sido utilizada na primeira impressão da Declaração de Independência Americana – e a **Helvetica** – criada em 1957 por Max Miedinger e Eduard Hoffmannm e adotada, entre outros usos, no logotipo de empresas como a NASA, a BBC News e a Boeing.

Impressão:
Janeiro/2021